U0761307

风改变了方向

吴琴 著

文汇出版社

献 给 一 生 所 爱

1	第一章
7	第二章
49	第三章
99	第四章
131	第五章
153	第六章
193	第七章
229	第八章
271	第九章

从背后抱住了他,她知道自己贪恋这一点温暖。

第一章

1

  如果命运之神此刻正俯视着大地,一定会看到瑞士马特洪峰附近的雪山上,白茫茫的高山雪地里,有两辆车相隔一公里左右的路程,正在互相追赶。

  车轮飞速转动,溅起一片又一片积雪,积雪带着雾气飞扬而起,又挟裹着空中飘洒的雪花落下,一切在迷离中显得真实,但又虚幻。

  前面那辆蓝色的小汽车快要开到路的尽头,再往前已经没有路了,却依然在冲向雪山上的断崖。

  后面那辆黑色的越野车越来越近,像是命运之神借用风的力量在快速地推着它,向前面的蓝车逼近。

  蓝色车内的两个女人呼吸急促,只是开车的那个女人看上去有一种异常的镇定,而副驾驶座的那个女人却惊恐万分,手机铃声在这时急促地响起,迅速加剧了车内两人的紧张气氛。

  开车的那个女人听到铃声像是受到了刺激,更加用力地踩下油门,车飞速冲向前,不断响着的手机从另一女人的手里掉在了副驾驶座前的脚边。

  车子不管不顾地冲向白茫茫的悬崖。

2

深夏，凌晨三点。

白日的炎热散了，微凉的晚风让整座城市从喧嚣中平静下来。

一阵手机铃声打破了酒店房间里的平静，一次响过以后紧接着另一次，这急促的程度仿佛在宣告着如果不接电话，拨打这个电话的人就会一直打下去，绝不善罢甘休。

在黑暗中背对手机躺着的沈可可，睁开了眼睛，转身摸索着拿起床头柜上的手机，昏昏沉沉中看了看来电显示的姓名：李莎。

这个名字让她刹那间清醒，她轻手轻脚地从身旁男人的怀抱里挣脱出来，坐起身摸索着打开了床头柜上的台灯，睡在身旁的男人感受到了突然的光亮，只是翻了个身又继续睡。

看着不断在手机屏幕上晃动的"李莎"两个字，沈可可犹豫着接起了电话，手机那头没有任何声音，铃声那么急促地打破了平静，现在电话里的沉默又让周围平静下来，甚至让人感觉比电话响起之前更加平静。

"喂？"

沈可可带着疑问的语气催促电话那头的人讲话，李莎平静的声音从手机里传来：

"知道我是谁吧？"

"是李莎吗？"沈可可不答反问。

"我在楼下，穿好衣服下来，跟我一起去国外旅行。"

电话里的声音听上去有些疲惫却又冰冷强势，沈可可想要缓和气氛。

"这太突然了……"

李莎打断了她的话:"不想我上去的话,你自己一个人尽快下来。"

　　"不好意思,我最近有事走不开。"

　　李莎沉默了一会儿,说:

　　"跟我走,这趟旅行结束以后我会成全你们。你觉得是你现在的事重要,还是你下半辈子的幸福重要?"

　　在李莎强势的逼问下,拿着手机的沈可可沉默了,电话那头的李莎也沉默了。

　　酒店窗外的虫鸣停了,空气又恢复了让人喘不过气来的平静,沈可可茫然地看了看躺在身边的男人嘉南,他仍旧背对着她熟睡着,这么响的电话铃声都没把他吵醒,好像只要睡着了,一切都跟他没有关系,沈可可轻轻把身体靠向嘉南,从背后抱住了他,她知道自己贪恋这一点温暖。

　　"我没带行李和护照……"沈可可还想找借口推脱。

　　"我送你去拿。"李莎直接打断了她的话。

　　"好。"

　　沈可可说完这个字,李莎就把电话给挂了。

3

黑色的夜幕刚刚被扯下了,墨蓝的天空上还留着似有若无的余韵。

凌晨五点钟的浦东机场仿佛没有睡醒,零星的旅客拖着恍惚的步伐,都好像是走在梦里。

李莎穿着高跟鞋踩在大理石地板上,触地有声,她戴着墨镜两手插兜走在前面,沈可可推着满满的一车行李跟在后面,两人保持着三四米的距离,不远不近地一直往前走着。

走进头等舱行李托运室,李莎径直朝着休息区的贵宾席走过去,然后坐下。

她戴着墨镜坐在休息区的椅子上,一言不发地举起手中的护照,在空中朝不远处的沈可可递了递,沈可可似有若无地轻叹了一口气,推着行李走过去。

接过护照,沈可可推着行李走到柜台,给两人办理好了登机手续以后走回来,把护照和登机牌递给李莎,登机牌的目的地显示:巴黎戴高乐机场。

李莎接过护照和登机牌,站起来就往外走,沈可可跟在后面,两人往机场海关安检处走去,彼此仍旧保持着三四米距离,一前一后地走着。走在后面的沈可可看着李莎的背影陷入深思。

只从背影看,就能看出她是一个坚强的女人,岁月并没有在三十七岁的李莎身上留下太多的痕迹,尽管一言不发地走在前面,她的背影还是能给人一种压迫感。

忽然前面那个具有强大气场的背影停了下来,沈可可赶忙回过神止住自己的脚步,仿佛强大的气场把她推开在三米之外,她不能靠近也不敢靠近。

李莎没有转过身,仍旧背对着沈可可。

"现在后悔还来得及。"李莎平静地说。

沈可可尽量掩饰自己的慌张,表情镇定地回答:

"我不后悔,只要你说到做到。"

李莎嘴角一咧,她自己也不知道这个苦涩的笑容,是嘲讽自己,还是嘲讽沈可可,她继续往前走,沈可可跟上,两人进了海关安检处。

李莎选了一条不是很长的队伍,两人一前一后地排在这个安检的队伍里,缓慢而又沉默地一步一步往前挪动。

但是沉默很快就被打破。

快到安检处的时候沈可可的手机响了,她从背包里拿出手机看了看,是嘉南的电话,沈可可看着电话犹豫要不要接,看了一眼已经走进安检处的李莎,她决定接起电话:"喂……"

电话里的嘉南沉默不语,他的沉默让沈可可感到一丝隐约的不安,沈可可轻唤了一声:"嘉南……"

陈嘉南才开口幽幽地说:"沈可可,不要……"

还没等他说完,正在把手机从包里拿出来准备放进安检箱里的李莎,听到了从沈可可电话里隐约传来的那个声音,她看了看自己手机,和沈可可的是同款型号、同一颜色,手机确实是一模一样的,但是却黑着屏幕,既没有电话也没有信息,想到这里她放下自己的手机走过去,一把抓过沈可可的手机,直接扔进了违禁物品自弃桶里,然后头也不回地过了安检。

惊慌失措愣在原地的沈可可,看了看自弃桶,试图从自弃桶里把手机拿回来,可是自弃桶的开口很窄,只能扔进去却不能拿出来,她试了几次都够不着,排在队伍后面的人又在不耐烦地催促,她看了看正和安检人员聊着什么的李莎,无奈之下只能叹了口气跨过了安检处的那道黄线,走了进去。

"喂,喂,喂……"只留嘉南的声音还在自弃箱里回荡。

拥有却不能永远拥有，
失去却又不完全失去。

第二章

4

沈可可穿过 M 酒店空荡荡的走廊，这个华丽的酒店走廊像是迷宫一样，让她迷失了方向，她看了看眼前的房间号离自己要找的 0830 越来越远，却怎么也走不回刚才的位置，心里感到一阵莫名的恐慌，她加快脚步又绕了几圈才终于找到了 0830，额头上已经沁出了一层薄汗，她站在房间门口理了理呼吸，按下门铃。

房门开了，嘉南穿着短袖和休闲短裤光着脚走了出来，他看了一眼沈可可，然后刻意快速地带上了房门，房间里躺在床上的女人被这关门声惊醒，睁开眼只是翻了个身子又继续睡。

沈可可抬起头看向嘉南，嘉南比沈可可高出大半个头，五官俊朗，亦正亦邪的气质里有一种经历过世事的从容，像一个特别吸引人的故事，却让人看不到底。触到他视线的那一瞬间，是另一种惊慌代替了自己刚才的恐慌，很奇怪也很矛盾的是，看着眼前这个男人沈可可竟然会觉得内心平和得不再害怕，却又好像有惊涛骇浪撞击她的身心，就像是有一种不知从何而来的欢喜此刻在身心深处绽放开来，迅速流窜到每一根神经，荡漾着灵魂，在心神里泛出一圈圈涟漪，她的脸瞬间红了。

嘉南站在原地，一动不动地望着她，他在那一瞬间应该跟沈可可的内心是一样的感受，从他看她的眼神就知道了，那是男人产生欲望想要征服的眼神，也许应该说比欲望稍许深刻一些。

沈可可回过神来，从自己的包里拿出一份文件递给嘉南。

"你好，这是张总让我送过来的文件。"

"抱歉，我刚从国外回来，时差还没有倒过来，脑子有点乱，你说的是哪位张总？"

沈可可抬头再次看了看房间号却发现是0832,不好意思地对嘉南说:"抱歉,我走错房间了。"

"没关系,我睡得晚。"

沈可可又敲开了隔壁房间的门,把文件送进去以后,发现嘉南还光着脚站在门口,沈可可对他说了一句:

"刚才不好意思,我先走了。"

嘉南意识到了沈可可的慌张,他叫住了她说:

"出去是这边,你走错方向了,我的房间门被反锁了,正好要去前台,顺便送你下去吧。"

沈可可微微愣怔了一下说:"好。"

沈可可和嘉南并排站在电梯里,沈可可再次看了一眼嘉南光着的双脚,双脚踩在电梯冰冷的金属地板上,让她觉得有一丝心疼。她抬头在遇到了嘉南视线的那一瞬间,立刻转移了视线看着电梯按键,她知道嘉南还在看着她,她也知道如果她稍微把头转向他一点点,他们的视线一定会再次相遇,沈可可的脸再次红了,她的头埋得更低了。这一切都看在嘉南的眼睛里,但是他并没有靠近,他好像洞悉到了自己一定会到手的猎物不能操之过急,需要等待时机。

到了一楼电梯门打开,嘉南先走了出去,沈可可跟了出去。嘉南对沈可可说了句:"你等我一下。"

然后嘉南去了前台,过了半分钟他手里拿着一张标签纸走过来。

他光着脚把沈可可送到了酒店门口,在酒店门口嘉南为沈可可拦下一辆出租车,然后把那张写着自己联系方式的便签纸递给了沈可可,说:"现在很晚了,到家了发信息告诉我。"

沈可可还没来得及回答,嘉南倾身向前在她的唇上轻轻一吻。

"小姐,醒一醒,醒一醒……"

沈可可睁开眼睛,站在一旁的空姐礼貌地叫醒了她,沈可可揉了揉眼睛站起来,看到整个飞机的经济舱已经空了,只有她自己一个人还在,她慌忙收拾行李,顺便问了问空姐:"头等舱2D的李女士下飞机了吗?"

"所有的客人都已经下去了。"空姐礼貌地回答。

沈可可小跑着下了飞机,一路找寻李莎的身影,她到行李转盘取了两个人的行李,推着行李车在茫茫的人海里寻找李莎的身影,她习惯性地摸了摸自己的背包一侧,是空的,她想到自己的手机已经被李莎扔了,心里有点慌张,但是无奈的她只能继续在机场不断寻找。

李莎的手止不住颤抖地在手机上按下一串生日数字:80091……她的脑海中闪过自己给陈先生过生日的画面,自己为陈先生唱生日歌的声音仿佛还在耳边回荡,灼烧的疼痛和心寒的冰冷在她心里绞缠,像是有一万只蚂蚁在啃噬,又像是针一样的细冰在不停地扎,她按下最后一个数字6,手机屏幕解锁了。这时李莎心临其境地感受到,地狱是在人的心里,此刻的她就身在地狱。

一番寻找以后,沈可可终于透过玻璃门看到李莎站在其中一个出口抽烟,从玻璃里可以看到李莎的侧脸,在人群里显得忧伤而又无助,她一边抽烟一边在看手机,离得太远无法知道她看的那个手机上有什么内容,但是从她的表情可以看出那些内容让她觉得痛苦,非常痛苦,一根烟抽完她又紧接着点燃了另一根,而垃圾桶上的那一堆烟头里有好几根还缭绕着没有散尽的烟气,仿佛是刚被抽走了灵魂的躯体,剩了几缕无主的魄。沈可可推着行李走过去。

余光瞥到沈可可走近,李莎赶忙把刚才拿在手里的那个手机放进了自己的外衣口袋里,然后背过身去戴上墨镜,又换回了那一副不容靠近的冰冷气场。

沈可可停在不远处,李莎不慌不忙地抽完整根烟,完全恢复了上飞机前的状态,把烟头掐灭扔进了垃圾桶,她上了一辆一直等在不远处的车。

沈可可推着行李走过去，法国司机下车帮她一起把行李放进行李箱以后，沈可可上了副驾驶座，车子驶离机场。

天气阴沉得让人喘不过气来，车子行驶在巴黎午后的街头，好像是行驶在暧昧不清的黄昏，路上的车都早早地打开了车灯，流光似的灯河不断滑过车窗玻璃。

沈可可没有来过巴黎，可是却无心看风景，她从反光镜里看到李莎把头靠在椅背上，好像是睡着了，但是墨镜遮住了她的眼睛，也许只是沉默地醒着，车里异常地安静。

车子开到了凯利贝尔大街的一家酒店。

车子缓缓停在门口，酒店的服务员快速跑过来给李莎打开车门，这个五十岁上下的法国绅士认出了李莎，他用对客户惯例式的客套对李莎说："欢迎回家，陈夫人，陈先生没有和你一起来吗？"

这位老绅士对每一位入住的过客都说酒店是家，尽管来来去去，但是听得久了真的就有了宾至如归的错觉，可是酒店怎么也成不了家，家永远只有一个，无论住过多少酒店，最终都要回家，李莎这样想着，回答说："谢谢你让我知道还有家，以后请叫我李女士。"

陈夫人这个头衔的心酸和落魄，让她觉得自己此刻不想承受。

李莎给了他两张十欧元小费，就下车去了，沈可可愣在副驾驶座上，她的手还放在车门把手上，这个瞬间她觉得自己不想下车，不想踏上这片土地，这片并不属于自己的陌生国土，这个别人所谓的家。

那位服务员又走过来给沈可可打开了车门，同样用英语对沈可可说："小姐，欢迎回家。"

听到家这个字的刹那，沈可可觉得好想逃离这里，但是她看了一眼弯着腰等她下车的那位法国老绅士，硬着头皮对他说了声谢谢，然后下了车。

沈可可办理完入住手续，把护照和信用卡递给李莎，两人坐电梯上了四楼，走出电梯的时候，李莎说了句：

"先调时差，法国时间晚上9点楼下大堂等我。"

说完李莎往右转，走进了酒店走廊深处，沈可可看着她的背影消失在了走廊尽头，又看了看自己手里的门卡，然后往左转，也走进了走廊深处。

李莎用房卡打开了0510房间，从打开的门可以看到这个套间精致优雅的布置，这个打开的门好像打开了她所有的回忆，她和她的陈先生的欢声笑语，碎片式的美好回忆像是潮水一般向她侵袭而来，她看着门在自己眼前关上了，却没有走进去。

她紧紧地握着双手站在原地。

过了一会儿，不远处有人走过来，说话声打断了她的思绪，她用房卡打开门慌张地走进去关上门，房间里只有她自己了，她拿下了墨镜，双眼和脸上竟然全是泪水，她靠着房门缓缓地蹲在地上，任凭眼泪肆虐。

又过了一会儿，敲门声响起，她慌张地擦掉眼泪，然后从地上拿起墨镜戴上，打开门，是服务员来送行李，她平静地用英语请他们把她的六件行李送进来，整齐地依次放在沙发旁边，然后她从自己的手提包里拿出小费打发他们走了。

她疲惫地再次拿下墨镜扔在茶几上，脸上的泪痕已经干了，也许人前强颜欢笑得久了，真的就会以为自己没那么痛苦了。

她走进浴室，脱了衣服，把自己泡在浴缸里，闭上眼睛。

这是一个极其雅致奢华的浴室，地板上拼贴镶嵌着浅黄色晚香玉图案的瓷砖，让人觉得站在浴室好像是踩在一片晚香玉花海里，大浴缸很明显是为两个人准备的，更准确地应该是说为两个相爱的人准备的，准备着共浴爱河，浴缸周围布置了香薰烛和浅黄色的晚香玉，就像她多年以前第一次来的时候那样，那是她和陈先生的蜜月旅行。

消逝的时间有时候会让人感觉像没有存在过一样。

她也是这样躺在这个浴缸里，陈先生悄无声息地走进来，她羞涩地让他出去，可是他却不管不顾地脱了衣服也走进了浴缸，水从浴缸的沿壁漫了出去，地上的晚香玉瓷砖沾了水显得湿漉漉的，陈先生从背后抱着她，温柔地抚摸着她的身体，温柔地吻着她的脖颈，温柔得就像是对待一件自己会一生珍视的艺术品，那一刻她的身体对他动了情，她懂得了性的美妙。

可是现在，她睁开眼睛，浴室的门口，空荡荡的没有一个人。

她转回头从浴缸里伸出两只手，她看了看自己的双手，然后把双手放在脸颊上面，闭上眼睛。

她用双手轻轻地抚摸自己的脸颊，把脸稍侧到一边，双手滑到脖颈，两只手从脖颈沿着锁骨滑向肩膀的两侧，再从两侧下滑到乳房，她开始了呻吟……

水花飞溅，水珠洒落了一地，她的陈先生曾经紧紧地抱着他，在他的怀里她酡红色的脸上沾满了水滴，就像是绽放在三月的桃花那样美，不，比三月的桃花更美。

可是现在，她的身体并没有反应，她徒劳地睁开眼睛，从只有一个人的浴缸里起身，水花溅了一地，地板上的晚香玉也像当初那样沾上了水，可是却没有了那种湿漉漉的感觉。

她茫然地看着镜子里的自己，没有陈先生她该如何满足自己？

拥有却不能永远拥有，失去却不完全失去，男人与女人之间究竟是一种怎样的相生相克的关系？

沈可可住的房间比较小，但是从窗户看出去，远远地可以看到晚上星星点点的塞纳河，她面向窗户坐在床边，眼睛却呆望着床头柜上的电话，她在犹豫着要不要给嘉南打一个电话，哪怕什么都不说，只是听一听他的声音，可是现在国内已经是凌晨，他应该已经睡了。

沈可可叹了口气甩了甩头，躺进了床里。

5

法国时间晚上九点。

李莎戴着墨镜从电梯出来走到大堂,看到沈可可站在大堂里等她。

沈可可一动不动地站在那里发呆,她还穿着下飞机时候穿的那身衣服,站在人来人往中显得有点孤独,李莎故意忽视了沈可可的这点孤独,踩着高跟鞋径直从她面前走过,身影带起了风,风里混合着似有若无的香水气味,风挟裹着香气轻袭向沈可可,沈可可发丝微动,她回过神来,马上跟着李莎往外走。

车子已经停在门外了,还是那个服务员给李莎开了车门,又小跑着去给沈可可开了车门,车子缓缓启动,汇入到巴黎夜幕下的车流里。

沈可可在车里不着声色地轻轻吸了一口气,把刚才轻袭过她的香气更多地吸进自己的鼻孔里,直到再次不着声色地吸进另一口气,她才完全确认这种最新款的高级定制香水,她也有一瓶,尽管不愿意相信,但确实是一模一样的。

直到这一刻前,沈可可都以为自己那一瓶香水是整个世界上唯一的。

车子开出了巴黎城区,上了高速公路以后朝南一路飞驰。

驶离了繁华,窗外的景色渐渐荒凉,路两边浓厚的夜幕里,灯光越来越少,四周也越来越安静。

大概行驶了两个小时左右,车子拐进了路边的一片森林。

夜幕中的森林没有一点灯光,只有车灯照着前面仅有的几米林间小路。

沈可可朝后视镜里看了看李莎，她还是戴着墨镜沉默不语，看不出她到底是睡着还是醒着，也猜不透她到底要带自己去哪里，去做什么，但是这周围的一片黑暗让沈可可有一种即将被吞噬的不安和恐惧。

沈可可打了个寒战，她无法想象这条路的终点是什么。

李莎从墨镜里看到外面的树林更加黑暗，这种灰涩的视觉感和她上次来所看到的景色完全不同。

上次是午后，阳光透过茂密苍翠的树林，像是身在法国印象派油画大师的一幅作品里，那么静谧安详，那么幸福美好，当时迷路的陈先生和她沉醉在这迷失的风景里，丝毫不觉得迷路有什么不好，甚至把迷路都幻化成了浪漫，因为有爱。

这像碎片一样的记忆再次连成了线，这线千回百转地在李莎心里缭绕，牵引着她回到了过去，尽管这美好只有片刻。

曾经的他们停下车，手牵着手在林间漫步，两个人脸上幸福的笑容，让人觉得照在他们脸上斑驳的阳光都是甜的，在这片林间他们偶遇到的那一群女人是这样说的，说他们是幸运的，说他们让人羡慕，说祝他们好运，祝他们一生相守。

好运？

一生？

想到这两个词李莎感觉到心口有种喘不过气来的疼，这疼让刚才沉浸在过去的那条缠绵的线瞬间崩断了。

原来失去了阳光，当一切在处于黑暗中的时候，风景看上去会如此不同，尽管是同一片风景，也是同一双眼睛。人大概也是这样，失去了爱，心里只有一片黑暗，深不见底的黑暗。

好运或者是厄运？命运之神到底是如何分配的？如果好运是一种奖励，命运之神是为了什么会给人奖励？如果厄运是一种惩罚，命运之神又是为了什么要给人惩罚？先拥有了好运然后再失去，这算是奖励还是惩罚？

　　望着深不见底的黑色天空，李莎这样想着。

　　车子开进了一个黑黝黝的庄园入口，穿过庭院以后停在一幢房子前面，这幢城堡式的房子虽然不大，但是却有一种在当今世界很难找到的贵族气质，在昏黄的灯光氛围里让人觉得有几分诡异，感觉来到了中世纪的法国。

　　木头的正门左侧低调地竖着"CLORIS"这个法语标志。

　　一位穿着燕尾服的法国中年绅士和一位穿着长裙礼服的法国女士站在门口等着她们。

　　中年绅士帮李莎打开了车门，沈可可忐忑地自己下了车。

　　长裙女士分别拥抱着她们说："欢迎你们来到CLORIS，我们已经安排好了一切。请跟我进来。"

　　李莎说了句："谢谢。"就跟在那位女士的身后向大门走去。

　　沈可可也不安地加快步伐跟了上去。

　　中年绅士走在前面，为她们三位女士推开了大门，透射出来的光让一直适应了黑暗的沈可可闭了闭眼睛，大门里的明亮和门外的黑暗相比完全是另外一片天地，富丽堂皇的水晶吊灯，色彩浓烈的红色暗纹墙纸，艳丽奢华的宫廷风格家具，沈可可呆愣在门口，中年绅士又对她说了句请进，她才回过神来。

　　李莎已经穿过门厅，走进了客厅，坐在了正对旋转楼梯的沙发上，沈可可也走了过去坐下。立刻有人用银托盘送上了精致的红茶，七色水果拼盘和三层塔点心，端放在巴洛克风格的茶几上，看上去像是艺术品让人不忍下手破坏了这些食品的美，李莎端起茶抿了一口。

　　沈可可环视周围，两边各有一个壁炉隔断开两面非常长的落地窗，晚上帷幔半挂下来只能看到外面影影绰绰的景色，可以看出这个客厅是整个城堡的中心位置，客厅一角摆放着三角钢琴，钢琴旁边摆放着大提琴和小提琴，这个客厅一定是经常举办舞会，因为闭上眼睛都能感觉到身姿摇曳的裙摆所带动的风，风里应该也飘逸着淡淡的香气，沈可可睁开了眼睛甩了甩头，好像是要甩掉这个关于香气的念头。

这时候来了三个穿燕尾服的男人，分别坐在了钢琴和大提琴后面，另外一个人拿起了小提琴，音乐缓缓响起，应该是为了迎合她们两人的喜好，演奏的是中国乐曲《夜来香》，经过法国人的改编以后听上去更加妩媚，有了这音乐以后空气都被优雅填满，整个环境也显得更生动了。

只是听到这首熟悉的旋律，沈可可的脸上微微一怔，她想起自己在嘉南车上经常听到的这首歌：那南风吹来清凉，那夜莺啼声细唱……

沈可可仿佛闻到了空气中那种香气更加浓郁……

那位长裙女士过来打断了沈可可的思绪，她俯身问李莎：

"女孩们准备好了，可以开始了吗？"

李莎回答："好的。"

沈可可被脚步声拉回思绪，一个接着一个穿着盛装礼服的女人从楼梯上走下来，她们一个个长裙曳地，摇曳生姿，踩着音乐舒缓的节奏，款款地从楼梯上走下来，远看像是一群女神从墙壁上的巨大油画中走了下来，沈可可更觉得自己像是进入了油画世界里。

下来的十几个女人，不同的精致装扮，不同的风韵，各有姿色。

如果是个足够有权势的男人，一定会渴望在这片土地上盖一座法式的大观园，让所有女人都住进自己的大观园里，越成功的男人越渴望更多的女人，这个理论也许确实是成立的，沈可可这样想着。

女人们走下楼梯，面对沙发站成一排。

中年长裙女人走过来倾身对李莎和沈可可说："你们可以开始挑选了。"

沈可可一头雾水，为什么要挑选，挑选了做什么？她转头看了看李莎，李莎站起身来走向这一排女人，她淡定地走近，从左边的第一个女人开始，一个接着一个认真地审视过去，这一排欧洲女人明显都比她要高出大半个头，但是李莎认真地仰着头看她们的脸，这么多年过去了，以前在小树林里见过的那些面孔都不在了，或许还剩下几个，但是都变了样子，新增加的面孔都很年轻，这好像也显示出了男人们的喜好，年轻女人永远是他们的追求，不管他们自己是什么年龄，所以女人过了最好的年龄就要离开这个华丽的城堡，退出人生的舞台，那么自己是不是也应该谢幕了？李莎这样想着，仔细地一个接着一个看到了尽头。

刚好这首《夜来香》演奏完，整个客厅又恢复了安静，只有窗外的虫鸣声不断，李莎沉默了一会儿，转身用英语对中年女人说：全都留下吧。

中年女人用法语对她们重复了一遍，十几个女人一阵惊喜的欢呼，音乐声继续响起。

十几个女人走过来围绕着李莎和沈可可两人，有的坐，有的站着，有的倚靠在沙发靠背上，有的半躺在沙发上，每一个都各有风情。

如果是男人，这个晚上一定会沉醉不愿归去，嘉南他也会迷恋这样的地方吗？沈可可这样想着。

穿着燕尾服的侍者开始上酒，每个女孩都拿了酒开始喝，只有沈可可谢绝了酒，要了一杯果汁。

一位棕色卷发，穿着嫩黄色纱质长裙的丰满女孩笑着用法语说："我第一次看到还有人来我们这里不喝酒的。"

李莎和沈可可都不懂法语，一位亚裔混血女孩 May 用不太标准的普通话说："我叫 May，我会一点中文，我来帮你们翻译，刚才说话的是 Alisa，她说第一次看到有人来这里不喝酒。"

沈可可赶忙解释说："实在抱歉，我不会喝酒。"

那个亚裔的混血女孩又把沈可可的回答翻译给其他人听。

穿着浅紫色长裙礼服，优雅到骨子里的一位女人 Yolanda 走过来，坐在沈可可的旁边，用手抚摸着沈可可的脸颊，眼睛却妩媚地看向李莎，问："你们都喜欢女人是吗？"

亚裔混血儿 May 听完翻译给大家听，沈可可立刻尴尬地往旁边挪了挪位置，李莎听完以后笑出了声，听得出她那并不是开心的笑，那种笑里带着一种悲凉，笑完以后她拿下了墨镜，拿起酒猛喝了一口，说："我们都喜欢男人，至少目前是。"

一位黑色浓密卷曲长发的吉卜赛女郎问："那来这里干什么？"

李莎没有回答，沈可可也不知道怎么回答，现场又安静了下来，好像所有女孩都在等她们的答案。

李莎端起酒喝了一口，想了想以后回答："我们出来旅行，想和你们聊聊天。"

金色头发有着深蓝色迷人眼睛的 Abigale 问："聊什么？"

李莎："聊男人。"

这次轮到现场的其他女孩子笑了，除了李莎和沈可可，其他女孩子都笑了。

一头红发性格也像火一样热烈的 Laura 说："那你们可真来对地方了。"

浅金色短卷发的 Sarah 接过话说："男人有什么好聊的？他们都他妈很简单，他们只在乎一件事情……"Sarah 用手在自己的下半身比画了几下。

其他女孩笑着纷纷表示赞同，举杯向 Sarah 表示认可。

浅紫色优雅女人 Yolanda 放开了沈可可，点了根烟妩媚又带着调侃说："非常赞同，男人可以分为两种：硬了的，和还没硬的。"

大家听完大笑。

深色皮肤棕黄色头发的 Nina 接着 Yolanda 的话继续说："硬了的他们像狼，红着眼睛寻找猎物，软了的他们像羊，需要怀抱。"

大家听完又是一阵笑声。

沈可可低着头问了一句:"没有不一样的男人吗?"

大家被这个问题问得一阵沉默。

李莎又端起酒喝了一口,说:"大家说说自己经历过的男人吧,我是说爱过的男人,真正相爱过的。"

Yolanda冷笑了下说:"爱?真正相爱我们怎么会在这里?"

嫩黄色头发身材丰满的Alisa打断她的话,抢着先说:"我先说,我第一个男人是我的中学同学,长得非常高大英俊,在学校里有很多女生喜欢他,他口口声声对我说他觉得我是全校最美的女生,他只爱我,他想要一辈子和我在一起,后来我才知道,他对全校的每一个胸大的女生都这么说!"

Yolanda问:"你们做爱了吗?"

Alisa回答:"上学一次,放学一次,午休一次,周末无数次。"

大家再次笑了。

Alisa:"后来我怀孕了,我告诉了他,他就消失了,消失得无影无踪,转校,搬家,再也找不到他了。"

沈可可问:"孩子呢?"

Alisa回答:"打掉了。"

说完她端起酒杯一口喝完了酒杯里的酒,她旁边的女孩轻拍她的后背希望给她安慰。

坐在角落里,眼神有点犹豫的Gina淡淡地说:"他至少没有暴力倾向,我爱的男人每天打我,有一次他半夜喝完酒回来衬衫上有口红印,我们就吵了起来,他又动手了,我被打得趴在地上站不起来,满地都是血,那时候我已经怀孕五个月了。"

Gina说着红了眼眶,却背过脸去没有让眼泪流下来,Alisa走过去拥抱了她。

Yolanda喝完了杯里的酒,说:"我来说一个让你们解气的,我以前在餐厅工作，下班回家通常都很晚，可是有一天餐厅失火了，我就提前回家了，撞见的是我爱的男人和别的女人在我的床上偷情，我当时就奔向厨房拿了一把刀，那个女人逃走了，我就拿着刀追着自己的男人，差点要了他的命，被判了三年刑。"

Alisa 问："后来呢？"

Yolanda 回答："后来我就来了这里。"

Yolanda 转向李莎，用英语问："怎么样？我们这些妓女的爱情故事能满足你的好奇心吗？"

沈可可疑惑地问："原来你会英语？"

Yolanda："我们都会，妓女也有自己的民族骄傲，你们这些养尊处优的良家妇女怎么会理解我们这点仅存的自尊心？"

李莎直直地盯着她，说："我和你唯一的区别就是，我没有拿刀追着我的丈夫，我之所以心里想过无数遍却没有那样做，是因为我有两个孩子，儿子八岁，女儿两岁。"

一直在观察李莎的 Sarah 忽然想起什么，用英语说："你来过这里，对的，我很确定你来过这里。"

沈可可和其他女人都非常惊讶地看着李莎，李莎点头说："是。"

Sarah 继续说："我记起来了，大概十年以前，那时我刚来这里，我和其他姐妹们是在树林里遇见你的，你和你的丈夫，你们刚结婚，正在蜜月旅行，是迷了路才会到我们庄园前面的这片树林里的，我们还邀请你们来吃了午饭，当时你们非常幸福，我从来没见过那么幸福的女人，竟然已经过去十年了，但你一点都没变。"

李莎笑了笑："我还是我，只是没有幸福了。"停顿了一下以后李莎又继续问："我想问，我丈夫后来单独来过这里吗？"

所有人都等待着 Sarah 的回答，特别是沈可可一脸紧张地等着她的回答。

Sarah 想了想以后诚实地说："来过，不止一次。"

这个回答像巨石一样砸在了李莎身上,也砸在了沈可可的身上,所有的人再次沉默了。

"是谁接待的他?"李莎颤抖着声音问。

所有人比刚才更沉默了,没有人回答。

李莎继续说:"他是我的初恋,大学里我们是同学,毕业了以后我们是工作伙伴,认识十六年,结婚十年。"

李莎像是说着别人的事情一样,说着自己的过去。

李莎:"来这里的时候刚结婚,那时候我们刚工作一年,我是一个女鞋设计师,他是市场销售,我们两人用了所有积蓄来法国度蜜月,因为我们都觉得结婚这辈子只会有一次……"

Yolanda大笑打断她之后说:"天真的时候真好,应该说男人天真的时候真好,男人只有在天真的时候才会跟你许诺一辈子。"

李莎继续说:"开着车来这里的时候我们迷路了,饿了一天幸好遇见了你们。"

李莎让侍者去外面车上拿过来一个行李箱,她打开行李箱,让侍者把高跟鞋一双一双摆出来,都非常精美。

李莎:"这些鞋都是在我们蜜月旅行的时候设计的,那是我人生最幸福的时刻,只可惜当时我们很穷,没有钱把这些鞋做出来,现在希望这些高跟鞋穿在你们脚上能带给你们幸福。"

所有的女孩都惊喜地看着这一双双精美的鞋子。

Alisa问:"真的送给我们吗?"

李莎:"我想知道是谁接待了我的丈夫,我没有恶意,我就是想知道事实。"

这群女孩中年龄最小的Hebbe颤颤巍巍地举起了自己的手说:"对不起。"

李莎和沈可可两人同时惊讶地看向她,她真的非常年轻,看上去应该是豆蔻之年,李莎的脑海中一闪而过陈先生和这个豆蔻年华的女人赤身裸体缠绵的模样,她红了眼眶,感觉自己的血液在这瞬间倒流了,倒流的血液让她的五脏六腑都在翻腾。

愣在那里的沈可可此刻觉得自己脑中一片空白,她不知道该想些什么,也不敢想,她拼命地忍住了自己想作呕的强烈冲动,只是眼神空洞地盯着 Hebbe 看。

被两人这样看着的 Hebbe 难过地流出了眼泪:"真的非常对不起,我没有想要伤害别人。"

Sarah 走过去抱着她轻拍她的背。

离李莎比较近的 Gina 幽幽地说:"她也很可怜,她是被自己的男朋友送到这里的。"

沈可可惊讶地问:"为什么?!"

Yolanda 嘲讽地回答:"为了赚钱养活那个她爱的男人。"

所有人再次沉默了。

沈可可本来还想问最近一次是什么时候来的,她很想知道,特别想知道,但是却被李莎用眼神制止了,李莎对大家说:"你们去挑自己喜欢的鞋吧。"

女孩们都站起身来开心地走向鞋子,Sarah 也牵着 Hebbe 的手走过去了,只有 Yolanda 还坐在原地抽着烟,她一边抽着烟一边和李莎对视,李莎感觉自己的灵魂仿佛被她看穿了,她看到了自己心里无法磨灭的创伤,看到了自己想要毁灭一切的怨恨和阴暗,李莎转移了自己的视线。

Yolanda 平静地抽完最后一口烟,把烟掐灭起身,走过李莎的时候她幽幽地说了一句:"来我们这里的男人百分之九十都是已婚。去他妈的爱情。去他妈的男人。不要让这些毁了你自己。"

说完 Yolanda 走向那些鞋子和女孩。

女孩们欢喜地开始挑鞋子换鞋子,沈可可沉默地坐在角落里,李莎手里拿着鞋子的设计稿远远地看着这一切,她脑海中回想着她和陈先生在蜜月中一起设计鞋子。

他们在海边的夕阳里一起画设计图,在盛开着野花的田野里一起画设计图,躺在清晨的床上一起画设计图,蜜月的十几天,他们一起画了一百多张图,这一张张图后来有一半成就了他们的事业,让他们拥有了财富,再后来他们什么都有了,却也失去了所有。

李莎把那一捆图纸扔进了壁炉燃着的火里,看着火吞噬了这一张张五彩斑斓的图纸,好像是吞噬了自己过去的回忆,也吞噬了自己的幸福。

沈可可远远地看着壁炉旁的李莎,和被烧掉的图纸,她觉得自己的心好像也被灼烧着,因为灼烧在自己心里的是不能被人看见的火,也是不会被人看见的伤口,所以她只能默默忍着,她一遍又一遍告诉自己他不一样,他对自己是不一样的,他会为了自己专情,她握紧自己的拳头告诉自己一定要忍下所有的伤痛,为了自己和他的幸福。

她站起来走到李莎旁边,幽幽地对李莎说:

"男人来这种地方是逢场作戏,只是解决生理需求。"

"你这是安慰我,还是安慰自己?"

李莎看也不看她,继续说:

"安慰我就不必了,安慰你自己……"说着李莎转头看了一眼沈可可,继续说,"欲望是人性,但忠诚是选择,坐十几个小时的飞机再开几个小时的车来这里只是为了满足生理需求,你就这样安慰你自己好了。"

"那是为了什么?"沈可可忐忑不安地低着头问李莎,好像也是问自己。

李莎看了一眼沈可可,没有回答转头就走了,沈可可站在壁炉旁愣住了,不知为什么站在火边她却还是觉得冷,很冷。

6

昏暗的灯光下，光着脚的Hebbe悄无声息地走下楼梯。

她左顾右看地穿过客厅，走到门厅左转，推开门进了接待室，然后战战兢兢地拿起桌上的座机电话，按下了一串电话号码，电话响了几声以后接通了，Hebbe捂着嘴小声地对着电话里说：

"你夫人今天来过了。"

电话里是一阵沉默。

Hebbe接着说：

"她还带着另外一个女人。"

电话里男人的声音略显惊讶地问：

"什么样的女人？"

"长头发，比你夫人略高一点，看上去也比你夫人年轻，她不喝酒。"

Hebbe回答。

电话里又是一阵沉默，只听到男人略显急促的呼吸。

Hebbe感觉到了男人的异常，她问：

"你还好吧？"

"我没事，她们现在在哪里？"

"她们几个小时以前就离开了，我不知道她们去了哪里，但是看到她们坐的车是巴黎的牌照。"Hebbe继续回答。

"车牌号码是什么？"男人追问。

Hebbe沉默着不说话，男人立刻会意到了什么继续问：

"你有什么想要的？"

Hebbe 想起李莎临走前对自己说过的那番话"打电话告诉他我来过，问他要 5 万欧元，然后把我的行踪告诉他，拿到钱以后离开这里，也永远离开那个把你送到这里的男人，真正爱你的人是不会把你送到这个深渊的，他不爱你，只爱他自己，去开始你的新生活吧……"想到这里，Hebbe 眼里滑下一滴眼泪，她不知道李莎为什么要救她出火海，可这是她唯一的救命稻草，她要紧紧抓住，她擦掉眼泪强作镇定地对着电话里深吸了一口气，然后小心翼翼地对着电话直接说：

"我想要 5 万欧元。"

"马上打给你，你过十五分钟以后再打过来。"男人说完挂了电话。

十分钟以后 Hebbe 先是确认了钱已经到账，然后再打电话给陈先生说了她看到的车牌号码。

7

深夜,沈可可坐在酒店大堂电脑使用区域里,对着电脑屏幕发呆。她看着电脑桌面上写了一半的电子邮件,不知道该怎么写下去。

已经打好的寥寥几行字显得有些苍白无力:

嘉南:

我很好,你不用担心我。

如果,如果那天深夜我没有去见你,如果我没有出现在你生命里,如果我没有爱上你,你现在是不是会更幸福?你后悔过吗?后悔过和我在一起所失去的一切吗?

我们让很多人受了伤,尽管这样我还是控制不住自己想你……

沈可可看着"想你"这两个字,想起李莎抽着烟的侧脸,夹杂着罪恶感的愧疚让她觉得自己的脸热辣辣的,她又想起自己曾经拿着手机,一遍又一遍地删掉嘉南的微信号,流着眼泪删了,又流着眼泪加回来,一遍又一遍,她真的是用尽了力气想要删掉他的,可是删掉了他以后,自己好像就没有了灵魂,每一分每一秒都在煎熬,她曾经想过就这样在没有他的世界里麻木煎熬着过一辈子,可却总是无法控制自己把他加回来。

沈可可把自己的思绪拽回来,轻叹了一口气,按着删除键,删掉了大部分的字,只留下:

嘉南:

我很好,你不用担心我。

她看着这仅有的一行字,想着要是人的记忆也可以删除就好了,如果人的记忆可以删除,应该会把自己从嘉南的世界里删了,独自带着回忆过完余生吧。

她把邮件发送了出去。

她知道这个时间嘉南还在睡,他不会回复邮件,可她还是盯着邮件的收件箱期待着,不应该期待的期待总会让人更期待,同时也让人更失望,她退出了邮箱,关掉了电脑,走回了房间。

躺在床上,沈可可浑浑噩噩地睡不着觉。

早上睁开眼睛的时候,她发现已经过了昨天李莎和她约定的时间,她匆匆忙忙地洗刷完毕下楼走到餐厅,看到李莎正在吃早餐。

她走过去,说了声:

"对不起,我起晚了。"

"吃早饭吧。"李莎说。

沈可可看了看李莎面前空着的餐盘,知道她已经吃完了。

沈可可说:"我不饿,你已经吃好了,我们就出发吧。"

李莎用餐布擦了擦嘴站起来,戴上墨镜走出去,沈可可赶忙跟了上去。

两人上了车,车开到了香榭丽舍大街。

沈可可跟着李莎走进一家奢侈品牌店,李莎面无表情地走过一排排柜台,指着一双又一双的鞋子让服务员拿下来给自己试穿。

李莎已经试了十几双,服务员还礼貌地不断给她拿来各种各样的款式,她既没有表达自己喜欢或者不喜欢,只是面无表情地试着一双又一双鞋。

沈可可耐心地站在一旁看着,帮李莎拿着包包、外套和手机,不敢发表任何意见。忽然李莎的手机上微信提示滴一声响了，手机屏幕上显示发微信人是：陈先生。屏幕提示信息内容只显示出了：

尽快回我电话，我们……

我们两个字后面是什么？手机没有解锁沈可可看不到。

我们？

无论后面是什么，沈可可都感觉心口开始隐隐作痛。

李莎面无表情地脱下最后一双鞋子，服务员以为她没有看中其中任何一双，恭维地说着：

"如果您都不喜欢的话，我们明天还有其他新款鞋到。"

李莎拿出信用卡递过去，说："全买了。"

服务员一脸惊讶地愣在了那里，李莎的手机再次响起了微信提示音，而且是连着响了三次，沈可可回过神来，瞥了一眼手机屏幕上的发信人全都是：陈先生。刚才心口隐隐作痛的地方感觉像压上了一块石头，她走到李莎旁边把手机递给她，说：

"你手机响过了。"

李莎接过手机，解锁屏幕看到手机上的提示，她抬头看了一眼沈可可，沈可可故意挪开了视线。

李莎打开微信查看了具体内容，但是没有回复，锁了屏还是把手机递给沈可可，沈可可犹豫了一下，有些不情愿但还是接过了手机。

服务员不敢相信地再次问李莎："女士，您确定吗？这十双您全要？"

李莎："尽快打包，全要礼盒装，这是我丈夫欠我十年的情人节礼物。"

服务员立刻叫来了店里其他的服务员一起打包，这群女孩子羡慕地看着李莎，说："您丈夫对您真好。"

李莎转过身看着玻璃窗外，服务员的话让她再次回想起了过去，陈先生曾经带她来过这里，他们手牵手一起走进这家店里，陈先生问她："喜欢哪一双，给你买一双。"

当年的李莎调皮地牵着陈先生的手，沿着柜台上的一排排精美的鞋子，指着一双又一双不断地说："这双喜欢，这双也喜欢，这双更喜欢……"

然后转过身抱着为难的陈先生说："亲爱的陈先生，等我们有钱了，你全给我买了，现在我一双也不要，我只要你。"

想到这里，李莎又感到了一阵锥心的痛，她从包里拿出墨镜，给自己戴上，她担心自己会在众人面前流下眼泪来。

看到李莎戴上了墨镜，沈可可走过来帮李莎穿上外套，把包递给她。

李莎接过服务员刷好的信用卡放进包里，沈可可接过大包小包的袋子，跟着李莎走出这家奢侈品店。

李莎又拐进了隔壁一家，一口气买了十块手表，她对服务员说："这是我丈夫欠我十年的生日礼物。"

接着又是另外一家，一口气买了十条项链，她对服务员说："这是我丈夫欠我十年的结婚周年礼物。"

然后是："十年圣诞节礼物。"

"十年新年礼物。"

"十年七夕礼物。"

天色渐渐暗下来，李莎面无表情地走在前面，沈可可提着大袋小袋的东西跟在后面，沈可可知道这每一样东西都价格昂贵，所以她非常担心丢掉哪一样，或者摔坏哪一样，而且这每一样东西现在都被李莎赋予了特别的意义，对沈可可来说这些东西就显得更沉重了，越沉重也越不能放下。

沈可可提着东西走得越来越慢，李莎和沈可可的距离越来越远，路灯照出两人长长的身影，忽然从阴影里蹿出一个男人，直直地冲向李莎，一把抓住李莎的名牌包用力想要拽走，李莎瞬间反应过来，死死地抓住包不放，大喊："你放开！"

远处的沈可可听到了李莎的叫喊声，也反应过来，扔掉了手里的东西就飞奔过来，边跑边喊："抢劫！抢劫！来人啊！"

抢劫的男人看到远处有人跑来帮忙，就拿出了自己的刀恶狠狠地指着李莎，李莎看到男人指向自己的刀，以前的记忆瞬间冲到了她脑海里。

曾经也是类似的情景，同样的一把匕首指着自己，陈先生从远处飞奔而来挡在了她前面，歹徒惊慌之下挥舞着刀刺向陈先生，刀刺进了陈先生的胸口，鲜血淋漓，瞬间染红了陈先生的白色衬衫，歹徒扔下刀逃走了。

红蓝色灯急速闪烁，救护车呼啸着，那时的李莎耳朵里只有陈先生微弱的呼吸，她六神无主地在救护车里紧紧握着陈先生的手不断地流眼泪，陈先生脸色苍白地对她说：

"别哭，我永远不会离开你的。"

永远？为什么所有说过的永远都以可笑而又嘲讽的方式幻灭？

抢劫的男人还拿刀对着她愤怒地低吼，痛苦的李莎眼里噙满了泪水，她听到脚步声充满希望地转头看向远处，可是远处跑来的并不是陈先生，却是沈可可，李莎含着眼泪却反而笑了，她不但没有放手，却反而更加用力地抓住自己的包，平静地对歹徒说：

"你杀了我吧。"

男人看到飞奔而来的沈可可越来越近，无奈一把放手，李莎倒在了地上,男人冲进了小巷里,李莎木然地坐在地上看着男人逃走了,沈可可跑到她身边,紧张地问:"你没事吧?要不要紧?"

她边说边把李莎扶起来,拍了拍李莎身上的灰土,李莎用力推开沈可可,失落地提着包面无表情地往前走。

沈可可小跑回去拿刚才情急之下扔在地上的那一堆东西,她刚往前跑了几步,就听到有摩托车开过来的声音,沈可可转过身,只见几辆摩托直冲冲地冲向李莎,李莎完全没有躲开的意思,沈可可大喊:

"小心!小心!"

领头的那辆摩托车风驰电掣地冲向李莎,完全没有减速,直直地冲到了李莎前面,眼看离李莎只有半米距离了,李莎竟然不躲反而闭上了眼睛,就在要撞上的那一瞬间,那辆摩托车的车头轰鸣着离地翘起,在空中快速地转变了方向,然后从李莎的左侧绕过,经过李莎身侧的那一瞬间,坐在摩托车后座上的男人一把抓过李莎的包。

其他几辆摩托车也分别从李莎的左右两侧擦肩而过。

被拽走了包的李莎完全没有防备地站在原地。

那几辆摩托车又飞速开过沈可可身边,开到沈可可扔在地上的那一堆东西旁边,快速地捡起地上的那一堆奢侈品和沈可可的包,扬长而去。

只留下愣在原地的李莎,和无能为力的沈可可。

8

　　李莎和沈可可两人并排坐在警察局里，一位法国中年男警察走过来带她们进去录口供，两人站起来跟着那个男警察走到了一间单独的办公室坐下。男警察拿起沈可可刚才填写的报警记录看了看，用法语问：

　　"你们是哪国人？"

　　李莎和沈可可互相对望了一眼，沈可可用英语问：

　　"你会说英语吗？"

　　男警察用法语不耐烦地嘟囔了几句，然后开始用李莎和沈可可完全听不懂的英语表达着什么，李莎和沈可可又无奈地互相对望了一眼，沈可可还是用英语对他说：

　　"非常抱歉，我们听不懂你在说什么？"

　　那个男警察一脸尴尬，只能拿出自己的手机，打开翻译软件，然后用翻译软件把自己的法语翻译成英语问："你们是哪国人？"

　　沈可可马上用英语回答："我们是中国人。"

　　男警察示意她等一下，然后把翻译软件凑到她嘴边，让她再说一遍，沈可可无助地看向李莎，李莎也无奈，用眼神示意她只能再说一遍，沈可可对着翻译软件又用英语一个单词接着一个单词地说了一遍：

　　"我们是中国人。"

　　男警察再次示意她们等一下，然后打开翻译软件调整成法语中文模式，然后对着翻译软件说了一句：

　　"描述一下具体情况。"

　　沈可可听完软件翻译的中文，马上坐正身子用中文描述："我们今晚购完物走在街上，光天化日之下冲出一个男人拿着一把刀想要抢夺她的包。"

沈可可指了指李莎，接着说："她拼死没有放手，那个男人就逃走了，没过多久，几辆摩托车冲了过来，一把就把她的包拽走了，还抢走了她今天买的所有物品和我的包。"

警察听完翻译软件断断续续的描述以后抬眼看了看沉默的李莎，又看了看惊慌失措的沈可可，见怪不怪地用法语对翻译软件说："晚上最好不要出门，我们这里经常发生类似的抢劫事件。"

沈可可听完翻译的话以后，立刻气愤地加快了语速："什么叫很经常？！我们来旅游被抢劫，她还差点没命了，经常发生这样的事情正常吗？！"

因为语速太快，翻译软件都跟不上了。

警察只能对着翻译软件说："女士，你冷静一点。"

沈可可听完以后更加气愤了："我怎么冷静？我们好端端的来旅游购物，光天化日地被抢劫，还差点被谋杀，叫我怎么冷静？！你们警察难道一点责任都没有吗？"

警察无视沈可可的愤怒，依然不紧不慢地对着翻译软件非常公式化地说："像你这样来报案包被抢的女士每天都有，你们被抢走的东西价值多少钱？"

沈可可非常气愤地还想说什么，但是还没来得及开口，李莎抢在前面冷静地对着翻译软件回答：

"差不多一百万，欧元。"

警察一脸惊讶都来不及对翻译软件说，直接用非常不标准的英语对着李莎问：

"你说什么？！价值多少？！"

李莎对着翻译软件一个字接着一个字地又重复了一遍："一百万欧元！"

警察赶忙站起来出去，走到另外一个办公室报告了自己的上级，他的上级在自己的办公室隔着玻璃窗看了看她们。

沈可可一脸歉疚地对李莎小声说："实在对不起，我没有看好你买的那些东西。"

李莎若无其事地回答："没事，反正也不是我的钱。"

沈可可："我们现在身无分文，怎么办？"

说着沈可可的肚子咕噜噜地叫了一通。李莎瞥了她一眼，没有说话，沈可可难为情地低下头转过身子，端起桌子上的一杯水喝了起来。

沈可可想起什么来又转过身说："我还有一点现金放在酒店的保险柜里了，应该够我们买回去的机票，你的护照没有丢吧？"

李莎："谁说要回去了？"

沈可可："你的钱都被抢了。"

李莎："你不是还有钱吗？"

这时候那个男警察带着上司回来，这个上司是会英语的，他一脸严肃地盯着李莎用审问犯人的语气问：

"你们是代购吗？"

李莎被这个问题问得愣了一下，沈可可抢着回答说："当然不是！"

那个警察上司又问：

"那为什么要一次性买这么多奢侈品？"

沈可可回答不上来又看向李莎。

李莎抬起头看着那位警察上司说：

"因为我丈夫出轨，我要刷爆他的卡。"

沈可可又感觉到自己被打了一记闷棍。

两个警察被李莎的回答听得愣了一下，然后他们互相对望了一眼，好像作为男人深有感触似的，默契地同时咳嗽了一下，那个警察上司用法语嘟囔了一句：

"全世界的女人都一样麻烦。"

然后他又仔细询问了关于抢劫犯的样貌和一些案件细节，快要结束的时候沈可可对男警察说："可以麻烦你们派辆警车送我们回酒店吗？现在那么晚了，我们两个女人又身无分文。"

男警察同意了，叫上自己的一个警察同事，开了一辆警车，李莎和沈可可并排坐在警车的后座，看起来像两个嫌疑犯，被警车灰溜溜地送回了酒店。

到了酒店以后两人各自落寞地回了房间。

李莎洗漱完以后听到了敲门声，她穿着浴袍走过去打开门，沈可可站在门口，李莎问："有事吗？"

沈可可回答："我想来和你商量一下接下来怎么办。"

李莎走去浴室换衣服，沈可可进来关上了门，不由自主地环视了一圈李莎住的套房，也不由自主地想到了自己住的小房间，她轻轻地甩了甩头，努力把这个攀比的念头甩出自己的脑袋，然后坐在沙发上等。

李莎换好衣服走过来远远地坐在对面。

沈可可向她坐近了一点说：

"我们最好还是回去吧。"

"你还有多少钱？"李莎问。

"银行卡里有五万，现金还有一千多欧元。"沈可可回答。

李莎又问："五万欧元？"

沈可可低下头有点不好意思地回答："人民币。"

李莎别有意味地看了沈可可一眼，她分不清到底是那个男人没有给沈可可钱，还是沈可可在伪装，尽管内心在猜疑，但表面还是若无其事地说：

"省一点也够。"

"这是我所有的积蓄。"沈可可立刻反驳说。

很明显李莎并不相信沈可可只有这些积蓄,她端起桌上的红酒喝了一口,然后嘲讽地问:"舍不得?"

"这些钱我还有更重要的用途。"沈可可很认真地回答道。

"比你下半生的幸福更重要?"李莎看似平静地问。

沈可可没有回答,李莎站起来说:"我累了,走的时候带上门。"说着就自顾自关了客厅的灯,走到了卧室。

沈可可站起来打算走出去,可是看到了几个打开的行李箱,这些行李箱里装的并不是衣服,而是一些相册、摆设、工艺品等,像是关于某一个人所有的回忆,她低下头长长地叹了口气,看向卧室。

卧室的灯在这个时候也关了,整个房间里瞬间一片黑暗,沈可可借着窗外的光源悄无声息地走了出去,悄无声息地带上门。

李莎听到关门的声音,又打开了卧室的灯,她知道自己睡不着,习惯性地摸向床头想找手机,可是想起自己的手机今天已经被抢了,很多突然失去的东西都会让人有一种还没有失去的错觉,就像失去的人一样。

她重新躺下,想起白天在鞋店里看到陈先生发来的信息:

"尽快回我电话,我们聊一聊。"

"回我电话好吗?"

"你到底想怎么样?"

"无论我们之间会怎么样,我都希望不要影响到我们共同打拼出来的事业,公司马上要上市了,这是我们的心血。"

看来他已经知道了,只有知道了才会一连发几条信息。

这样伤了她,伤得她体无完肤,他却顾及的只有事业,事业是他的心血,也只有事业才是他的心血,那么自己和孩子们对他来说算是什么?李莎烦躁地翻了个身,再次闭上眼睛,却躺在床上翻来覆去睡不着。

沈可可也在床上翻来覆去睡不着。

今天在李莎手机屏幕上看到的"我们"两个字,又再次钻进她的脑海里,一种不安的焦虑笼罩着她,她在自己脑海里想象了很多种"我们"后面的可能性。

终于翻来覆去的沈可可像是下定决心似的坐起身来,拿起床头的电话听筒,拨出一串长长的电话号码,可是刚响了一声,她就挂断了。

她不能听到嘉南的声音,一听到嘉南的声音她就再也坚持不下去了,她会立刻想买机票飞回去,飞去他的身边,紧紧地抱住他,任凭世界毁灭也不管不顾地紧紧抱住他。

无论有意还是无意,她们两人都没有了手机,算是彻底地和她们生活的那个现实世界断开了,走了这么远才不好容易断开了,还是暂时不要联系比较好。

她静静地躺下,摸了摸自己的肚子,拿过一个枕头紧紧抱着,闭上眼睛直到天蒙蒙亮才恍恍惚惚地睡着了。

9

深夜。

空荡荡的街道上没有一个人,沈可可独自一人走在街道上,昏黄的街灯给这条两边长满了梧桐树的街道晕染上了一层如梦似幻的意境,沈可可觉得自己此刻是走向梦里的,轻飘飘的感觉不真实。

嘉南的车已经停在路边等了一会儿了。

沈可可拐过街角,远远地看到了那辆车,空荡荡的街道让那辆车显得非常孤独,车上的人应该也是这样吧,有一缕一缕的轻烟从驾驶座的车窗里飘出来,沈可可停下了脚步。

嘉南朝车窗外吐了一口烟,他从后视镜里看到了远远地站在街角的沈可可,空荡荡的街道上只有她一个人,她停在那里,昏黄的灯光洒在她身上,给她描出了一个浅金色的轮廓裹着她,如果可以,嘉南真的希望自己就是那层柔软的暖黄色的灯光,那样没有缝隙地拥抱着她,他没有下车,他要等着她走近,他知道她一定会向他走过来。

沈可可抬起脚走向他。

走到车旁边,打开副驾驶的车门上了车。

嘉南发动车子,车身飞速冲了出去,好像是要带着沈可可逃离一切,逃离这个世界,沈可可被忽然飞驰向前的车身摇晃了一下,她坐稳身子以后眼睛瞥了一眼嘉南,看到他是系着安全带的,自己也拉过安全带系上,她用鼻子嗅了嗅车里的气味问嘉南:

"你又喝酒了?"

嘉南只是自顾自地开车,没有回答。

车子里一阵沉默。

沈可可深呼吸了一口,长长地叹了口气,故作轻松地说:

"我想送你一个很好笑的东西,你看了千万不要笑啊。"

嘉南转头看了看她,问:

"什么东西?"

"这个。"

沈可可从兜里拿出一个平安符袋,在嘉南眼前晃了晃。

"这是什么?"嘉南问。

"平安符,我跟你说了很多遍喝完酒不要开车,你又不听,我只能求神帮忙了。"沈可可说着打开副驾驶座前面的收藏夹,用手伸到最里面的角落,把平安符藏在里面,然后接着说:"我把它藏在你车上不起眼的角落里,这样你看不到就不会想起我。"

"你什么意思?"嘉南有点不安地问。

"神很忙的,也不知道能不能顾得上你,你还是自觉一点,喝了酒就不要开车。最好也不要抽烟。更不要生病。要好好保重。"

"你到底什么意思?"嘉南再次问。

"我要离开上海了。"

"什么时候回来?"

沈可可把视线转向窗外,车子已经驶离了闹市区,路面显得更安静也更落寞了,她攥紧拳头,强作镇定地说出四个字:

"没有归期。"

嘉南一个急转弯左拐把车开进了路边的小弄里,他停好车,解开自己的安全带,看着沈可可问:"我们不能一直这样吗?"

沈可可把视线调转向窗外,幽幽地说:"会伤害到别人的,趁什么都没发生一切还来得及,我们……"

还没等沈可可说完,嘉南一把捧过沈可可的脸,直直地盯着她,说:

"已经来不及了。"

说完他吻了下去,吻越来越深,沈可可想把他推开,可是她连

自己都不知道是不是真的想把他推开，嘉南的吻滑到她的脖颈，两人的呼吸开始急促起来，沈可可知道她必须找回最后一丝理智，这一刻如果不把理智找回来他们两个会万劫不复，沈可可推开嘉南：

"不要这样，我们可以做朋友。"

嘉南无视沈可可的反抗，开始解沈可可的衣服，他贴近她耳边说："我们做不了朋友，从第一眼开始我们就做不了朋友。"

这句话完全击溃了沈可可的最后一丝理智，是的，从第一眼开始自己就已经沦陷了，就像是一刹那掉下来的命运，完全没有选择的余地。

嘉南扯开她的衣服，手抚上她的胸部，沈可可还想要反抗，可是两人对彼此的渴望让所有的反抗都显得没有意义，这时候的两人都已经彻底失去理智了，只有欲望，一直以来被压抑的强烈欲望在这一瞬间冲垮了理智的堤坝，像洪水一样冲击着两个人的神经。

嘉南进入她身体的那一瞬间，沈可可不由自主地流泪了，她不知道自己这眼泪的含义是什么，是悲还是喜，抑或是痛苦还是快乐，她只知道自己在心里一遍又一遍地呼喊着："我不想离开你，我不想离开你，我不想离开你……"

敲门声一阵接着一阵响起，打断了沈可可的梦，沈可可从睡梦中醒来，她睡眼惺忪地看了看周围，恍惚地分不清刚才的一切是梦，还是眼前的一切是梦。敲门声又再次响起，她起身披上衣服去开门。

一位酒店服务员站在门外，礼貌地对沈可可说：

"您好，李莎女士让您马上到楼下前台办理一下续房。"

沈可可一头雾水地问："续房？好的，我马上到。"

她走回房间甩了甩头，快速地换了衣服，简单洗漱完就到了楼下前台。

前台服务员告诉她：

"你们预订的是三天房间,交的也是三天的押金,今天到期了,刚才打电话去问过李莎女士,她说还要再续三天,这是需要补交的押金,您看一下。"

沈可可接过前台打出来的单子,看了看上面的数额,她睁大了眼睛,惊讶地看着上面的四个零,这四个零简直一下子把她给惊醒了,刚起床的睡意以及梦境里残留的那点缠绵在一瞬间消散全无,紧接而来的是心慌。

这个房费她根本交不起,她尽量掩饰尴尬,对服务员说:

"非常抱歉,关于是否续房我还需要再和李莎女士商量一下,等我和她商量好了再下来办理手续,好吗?"

"好的,但是你们要尽快,现在已经将近11点了,如果过了12点,我们是要收取今天的房费的。"服务员依然礼貌地说。

"好的,谢谢。"沈可可拿着单子小跑到电梯上楼,来到李莎的房门前深呼吸了一下,然后敲门。

李莎来开了门,沈可可跟着她走了进去,两人还像昨晚那样隔着一段距离坐在沙发上。

沈可可把单子递给李莎,开口说:"再续三天的房费将近8万人民币,我现在全部加起来也没有这么多钱。"

李莎没有接沈可可递过来的单子,反而端起茶几上的咖啡慢慢地喝着,也不回答沈可可的话。

沈可可悻悻然地收回递出去的单子,叹了一口气,两人都开始沉默。

沉默了一会儿沈可可开口说:"你真的还不想回去?"

李莎回答:"对。"

沈可可又问:"你到底想通过这次旅行达到什么目的?"

李莎只顾着喝咖啡没有回答。

两人又沉默了一会儿,沈可可看李莎完全没有要回答那个问题

的意思,她只能继续说:

"好,我答应你旅行继续,但是我们不能再住在这里了,我们两个人目前只有我卡上那五万元人民币和将近一千欧的现金,如果要继续旅行,我们要详细规划一下怎么样可以用这笔钱完成这次旅行,你同意吗?"

李莎:"同意。"

沈可可:"我们现在要在半个小时内退房。"

李莎:"为什么?"

"如果超过12点就要多算一天的房费,将近3万元,那5万就只剩2万,这钱只够我们两人买回程的机票,我们还是一样没办法继续旅行。"沈可可认真地说。

李莎微微地叹了口气,好像是悄无声息地感叹自己第一次在沈可可面前示了弱,她再次端起咖啡喝了一口,然后说:"好。"

沈可可站起身说:"那么你赶快收拾行李,等会儿我办好退房手续,在大堂的电脑使用区等你。"

李莎没有回答就自顾自站起来,去了卧室开始收拾行李。

沈可可急急忙忙地回了自己房间,手忙脚乱地收拾好行李以后迅速到前台办理了手续,赶在12点前退了房。

退完房以后她松了一口气,拖着自己简单的一个行李箱到电脑前搜索制定接下来的旅行路线,她拿出一个本子,把查到的资料都记在这个本子上。忽然想到了什么,她快速打开自己的电子邮箱,看了嘉南的两封回复邮件。

第一封的内容是:

沈可可:

你在哪里?你为什么不接电话,不回复信息?你到底去哪里旅行了?和谁一起去的?为什么忽然要去旅行?为什么要通过邮件联系?我很担心你。

第二封的内容是：

可可：

不要离开我，我很想你。

看着第二封邮件，沈可可觉得自己的心好像被什么重物砸痛了一下，她知道这几天嘉南一定也过得很煎熬。

她想要给他回复一封邮件。

嘉南：

不要担心我，自己保重。我不会离开你……

可是只打了几个字，沈可可却不知道接下来该说什么。

还在房间里的李莎，拿着酒店座机电话说：

"做好准备，小心一点不要让她察觉出来。"

说完她挂了电话，走到客厅里，站在摆在地上的一堆纪念品中间，她再次环视这些物品，有很久以前来巴黎旅行的照片，每次来巴黎她和陈先生留下的一张又一张的合影，有他们买的情侣T恤，还有印着巴黎铁塔的咖啡杯，陈先生送她的丝巾等铺了一地。

李莎弯下腰捡起了一张她和陈先生的合影。

然后跨过这些东西，走到门口拉开门，走出去以后又再次转过身看着门徐徐地关上，她在原地愣了一会儿，眼泪是强忍住了但是却红了眼眶，她戴上墨镜离开了这个房间。

沈可可正盯着邮件发呆，这时候她远远地看到李莎走过来，她赶忙删了"我不会离开你"这句话。只剩下：

嘉南：

不要担心我，自己保重。

然后发送了出去,又匆忙退出了邮箱,关掉了邮箱的界面,换上刚才在查旅游信息的网页。

李莎走过来,坐在旁边的沙发上,对沈可可说:

"我们去法国南部格拉斯。"

沈可可回答:"好的,我查一下路线。"

过了一会儿,服务员把李莎的三个行李箱送了下来,放在李莎旁边,李莎站起来对沈可可说:"走吧。"

沈可可:"我还没有查好。"

李莎:"去火车站坐火车。"

说着李莎就站起身往外走,沈可可收起本子和笔,然后拖着行李跟着李莎往外走,车子已经在外面等了,还是那个中年绅士服务员把李莎送出门外,给李莎开车门,说:"欢迎再次回家,李女士。"

李莎没有立刻上车,而是站在酒店的门口回望着酒店,说:

"这里我不会再回来了,谢谢你。"

说着拿出几张零钱纸币递给那位绅士。

沈可可和司机一起把行李搬上车,可是发现行李数量少了,来的时候李莎有六件行李,现在却只有三件了,她走过去对李莎说:

"你忘了三件行李。"

李莎看着酒店自己住过的那个房间的方向,幽幽地说了一句:

"该带的都带走了。"

说完她又转过身对服务员说:

"我留在房间的所有物品都不要了,麻烦你们帮我捐给慈善机构,给更需要那些东西的人,谢谢。"

说着她上了车,那位绅士又跑过来给沈可可打开车门,也说着:

"欢迎再次回家。"

沈可可尴尬地笑笑,然后也上了车。

车子开了出去,再次汇入车水马龙里。

10

  凌晨的浦东机场依然空荡荡的。

  机场广播里已经开始催促飞往法国巴黎的乘客们登机,寥寥无几的乘客排着松散的队伍在登机口检票。

  空荡荡的候机座椅上只坐着一个男人,他戴着一顶鸭舌帽,帽檐压得很低。

  登机口的乘客们都进去了,广播再次催促登机。

  候机座椅上的那个男人抬了抬脸,可以看到他脸上的表情有些阴郁,催促登机的广播让他表情更加复杂,仿佛他并不情愿踏上这趟旅程,而是被一只命运无形的大手推动着,不得不去。

  他厌恶这种不得不去的感觉,更厌恶不受自己控制的命运。

  男人拽了拽帽檐,站起身向登机口走去。

  广播里还响着最后一次催促登机的声音:

  请飞往法国巴黎的乘客陈嘉南尽快登机。

这床上，明明只有两个人，
却像有三个人；
多出了一个人，
或者说有一个人是多余的。

第三章

11

李莎和沈可可两个人到达巴黎中心火车站已经将近下午两点了。

沈可可去售票窗口问了一下从巴黎到格拉斯的火车一天只有一班,是下午两点零五分出发的,她赶紧买了票,然后一路小跑。

跑到坐在长椅上等她的李莎旁边,她焦急地说:

"到格拉斯的火车一天只有一班,火车马上就要出发了,我们只有差不多15分钟进站上车,要抓紧时间。"

沈可可说着就准备拉起四个行李箱往前走,可是毕竟是四个行李箱,怎么走也不方便。

本来走在前面的李莎转过身,看到沈可可在和四个行李箱打转,她不情愿地走回来,拽过两个行李箱就往前走,沈可可赶紧拉起剩下的两个行李箱跟上来。

每人拖着两个行李箱,她们两人一路飞奔。

这个车站地形复杂,对她们两个方向感不好的女人来说,绕来绕去更是一头雾水,她们一边向人打听,一边拖着行李箱拼命赶路,可是当地法国人要么不喜欢说英语,要么不会说英语,总之沟通非常费劲,好不容易打听到了这班火车的确切位置,两人已经是满头大汗了。

眼看剩三分钟火车就要开了,她们仍旧拖着行李箱在车站里飞奔,还没有到达月台上。

两个人都很着急,可是时间好像远比她们的脚步要快。

终于她们远远地看到了要找的那个月台,沈可可开心地冲着后面的李莎喊:

"就在前面了,我们快点跑过去,火车马上就要开了!"

两个人都加快了速度，沈可可跑在前面，李莎拉开一小段距离跟在后面，她们使出了最大的力气朝那个月台冲去。

可就在这时，因为路面不平，李莎手里的一个行李箱被地上突起的石块绊了一下，摔倒在地，行李箱不小心被摔开了，里面的东西瞬间撒了一地。

又是一件件跟陈先生有关的物品。

这摔开的行李箱像是再次瞬间打开的记忆盒子，那么突然地打开，各种各样的物品飞散开来，就像是飞溅开来的记忆碎片，关于某个人的回忆那么突然地在这瞬间汹涌着侵袭而至，鲜明而又生动。

曾经是陈先生拖着行李跑在前面，她小跑着跟在后面。快到月台的时候她实在跑不动了，陈先生就牵着她的手跑，再后来牵着手也跑不动了，陈先生就背起了她跑，就在这人来人往、众目睽睽的巴黎火车站，陈先生一手拖着行李，一边扛着她，跑向了即将驶离车站的那辆火车。

周围的人纷纷帮忙捡东西。

跑在前面的沈可可发现后面的李莎没有跟上来，她快速拉着行李跑回来，看到摔开了的行李箱，和落了一地的东西。

周围的一圈人在帮李莎捡，李莎却一动不动愣在现场。

沈可可赶紧冲过去帮忙一起捡，她快速捡了几件然后拿起一个相框，相框里是笑着的陈先生背着李莎，沈可可看着这张照片感觉心又一次被重击了一下，一种夹杂着失落的难过情绪像是迎面而来的网将她完完全全地罩住，她抬起头看向李莎，李莎也正看向她，两个人对视的瞬间这个时空好像是凝固了。

东西已经捡得差不多了，帮忙的行人纷纷散了，一个五六岁的法国小女孩把自己捡起来的一个可爱的布偶递给李莎，李莎回过了神，接过布偶摸了摸她的头说：

"谢谢你，这个送给你了。"

小女孩回头看了看自己母亲，她母亲同意地点点头，小女孩就拿着布偶欢天喜地地跑走了。

李莎走到箱子旁边快速收拾好箱子里的东西，沈可可把手里的几样东西也放在箱子里，帮着一起合上了箱子，两个人再次拖着行李箱朝月台跑去。

可是刚跑到那个月台旁，她们要坐的那辆火车就缓缓地开动了。

两人喊着"等一等"冲到月台上，火车已经开始加速了，不管两人怎么飞奔怎么呼喊，火车越开越快，只留下两人在月台上喘气。

安静的火车月台上空荡荡的，只有李莎和沈可可两个人坐在两张长椅上，沈可可看了看李莎，问：

"我们现在怎么办？"

李莎看着空空的火车轨道延伸向远方，说：

"找个地方住下，明天再坐这趟火车去。"

"没有其他交通方式可以去吗？比如汽车之类的。"沈可可再次问。

"我只想坐这趟火车。"李莎坚定地说。

"为什么？"沈可可又问。

李莎没有回答，站起来，拖着两个行李箱走了。

沈可可赶忙拖着另外两个行李箱跟上她。

李莎和沈可可筋疲力尽地走在街上，因为没有提前预订，问了好几家宾馆都没有空房，她们只好拖着行李继续找住的地方。

太阳渐渐西沉，两人实在走不动了，坐在一个小广场的石阶上，闻到附近饭馆散发出来的香味，沈可可的肚子不由自主地发出咕噜的叫声，李莎听到了，说：

"我们先找个地方吃饭吧。"

"可是我们还没找到住的地方，再晚天就黑了，我们两个女人又拖着行李，太危险了。"沈可可疲惫却又懂事地说。

李莎一片淡然地说：

"听天由命。"

说完李莎就拉着行李箱朝不远处的一家饭馆走去。

沈可可赶紧拉着行李跟上。

李莎停在一家奢华精致的法式餐厅前面，沈可可赶忙跟上来说：

"这家太贵了，我们现在没多少钱，还是去隔壁那家吧。"

李莎不屑地看了一眼沈可可，说：

"一顿饭还是吃得起吧。"

说完她就拉着行李箱往餐厅走。

没过一会儿，李莎和沈可可两个人就灰溜溜地拉着行李从餐厅走了出来。因为一个下午的奔波，她们俩灰头土脸的着装，拖着过多的行李，被服务员因为着装不整从这家餐厅赶了出来。

沈可可慢慢地转过头，看了看一脸不满却又隐忍着不能发作的李莎，尽量用柔和的语调说："我们去隔壁那家店吧，说不定味道还更好。"

李莎拖着两个行李箱往斜对面小巷子里一家小却比较温馨的餐厅走，沈可可连忙跟上。

两个人进到店里，服务员帮忙把行李放在后厨一个小隔间里。

终于松了一口气，两人坐下开始点餐吃饭，她们都饿了，吃得津津有味，吃完买单的时候，沈可可顺便问了一句服务员说："请问附近有什么宾馆吗？"

服务员礼貌地说："隔壁那条街就有一家，经济舒适，是我们老板的朋友开的。"

李莎赶紧接着问："可以麻烦你打个电话，帮我们问问有没有空房间吗？"

沈可可也赶忙跟着说："拜托了，谢谢你。"

服务员拿起店里的电话，拨了一个号码，李莎和沈可可两个人期待地看着服务员。服务员挂了电话回答说："有空房，你们过去吧。"然后在一张纸上写了地址，递给她们，两人连声对服务员说谢谢。

沈可可接过那张纸，两人取了行李，照着纸上的地址朝宾馆走。

到了以后，两个人站在宾馆门口呆住了，原来这家小宾馆门口有长长的台阶，两个人看了看脚边的四件行李，互相对视了一眼，李莎叹了口气说："搬吧。"

两人先各自提着一件行李往上搬，费了很大的力气好不容易把一件搬到了，又匆忙下来搬另外一件，终于拼着最后一丝力气，两人拖着行李来到了前台。

沈可可对服务员说："我们刚才拜托餐厅那边来过电话的，你们还有空房对吧？"

服务员笑着说："是的，现在是旺季，你们太幸运了，我们还有一间空房。"

李莎惊讶地打断她的话："一间？只有一间了吗？"

服务员回答："是的，我们只有这一间房了，你们两个女人不是刚好吗？"

沈可可看着李莎，李莎看了看那四个行李箱，再次叹了口气无奈地说："住吧。"

沈可可把两个人的护照递给服务员办理好了入住手续，两个人拖着行李到了房间，房间非常小，摆设虽然很简单，但是挺温馨的，一看就是家庭旅馆的样子。

两个人悄无声息地打开各自的行李，换衣服准备洗漱。

李莎换下了衣服，用余光瞥见沈可可也在换衣服，她微微侧过头，从梳妆台的镜子里看着沈可可刚脱下衣服的背影。

从背影看沈可可，二十六岁年轻的身体皮肤光滑，没有任何赘肉，腰部的曲线和丰满的臀部应该是男人喜欢的类型，李莎这样想着，毕竟比自己年轻了十一岁，她拥有自己没有的青春，沈可可转过头视线在镜子里和李莎相遇，她意识到李莎在看自己，两人都尴尬地调转了视线。

李莎拿着自己的洗漱化妆包进浴室洗澡去了，洗完澡穿了一件米白色真丝短裙睡衣出来，沈可可拿着洗漱用品进了浴室。

李莎疲惫地躺到床上，听着浴室的水流声，渐渐地睡着了。

沈可可洗完澡出来，看到李莎已经睡着了，她微微侧躺着，一个人占了大半张床，睡裙被无意中撩到了肚子，露出匀称修长的大腿和蕾丝内裤，在暖黄色的灯光下展示着迷惑人心的曲线，她比自己想象的要更美，沈可可一边在心里感叹着，一边轻手轻脚地走过去帮李莎盖上被子，被子拉到李莎肚子附近的时候，李莎在睡梦中转了个身，沈可可一眼看到了李莎小腹上的那道伤痕，细长的像蜈蚣似的盘踞在李莎细嫩的皮肤上，很醒目，至少沈可可此刻觉得非常醒目，甚至有些刺眼，因为她知道那是剖腹产留下的伤痕，那是女人为了新生命的诞生所经历的生死印证，她看着眼前李莎平静的睡脸，仿佛听到了李莎在生产前声嘶力竭的叫声，因极度的疼痛而扭曲的脸和眼前形成了强烈的对比。

一滴眼泪莫名其妙地涌出，滑过沈可可的脸，她赶忙擦了眼泪，放轻脚步去关了灯，小心翼翼地躺到了床的边角上，尽量睡在床边的角落里不影响到李莎睡觉，轻叹了口气，闭上眼睛，也进入了梦乡。

12

昏暗的房间里，弥漫着性爱刚过的欲望气息，衣服散落得到处都是，一个手机屏幕在床上忽明忽暗。

沈可可全裸背对着嘉南躺在他的怀里，两人赤裸的身体在床上紧紧地抱在一起，一起盯着手机在看一部电影，是一部恐怖片。

背对着嘉南的沈可可幽幽地说："抱那么紧，是担心我会逃走吗？"

嘉南把怀抱又紧了紧，没有回答。

沈可可继续说：

"你放心，我不会再逃走了，而且，现在我也逃不走了。"

听到这话的嘉南，双手抚上沈可可的胸部，嘴贴着她的耳朵在她耳边轻声说：

"你永远都别想逃走。"

说着这句话的瞬间嘉南从后面进入她的身体，沈可可一声呢喃，手机掉到了床边。

两人在床上热烈地耸动。

床边的手机屏幕上忽然有一个血淋淋的婴儿脑袋冲向画面。

沈可可惊醒，她习惯性地把手伸向身边，并没有嘉南。

她坐起身看了看，这是昨天她和李莎入住的家庭旅店的小房间，她渐渐清醒，发现李莎并不在房间，而且李莎的行李也不见了，她赶忙起床，慌张地各处查看李莎的其他东西还在不在,发现都没有了。

她慌张地穿着睡衣跑下楼，跑到前台，跑出旅馆看了看旅馆前的长台阶上空无一人，她心里越来越慌，急匆匆地跑下台阶，跑到旅馆前的小路上也没有看到李莎的踪影,她想了想又跑回前台,向前台询问:"我的朋友是先走了吗?"

"我在这儿。"

李莎的声音在角落里响起。

沈可可转过头,看到李莎穿着非常精致的改良款长旗袍,优雅自若地坐在前台旁边的沙发上在看报纸,身边放着一个行李箱,她叠好报纸放在茶几上,拉起行李箱走到沈可可身边说:

"我好像不是你朋友。"

说完她拉起行李箱往外走,边走边说:

"在房间沙发上我留了套旗袍给你,穿上下来,我在长台阶下面等你。"

沈可可还来不及问为什么,李莎已经拖着行李往外走了。

沈可可快速奔回房间收拾好了行李,看着挂在床边的深红色长旗袍犹豫了一下,但是想起李莎的那句不容置疑的"穿上下来",她还是换上了,对着镜子看了看,旗袍非常贴身,紧裹得身材玲珑有致,但是总觉得有些别扭,她往下拽了拽旗袍,让开叉稍微往下一点,尽量多遮住一点大腿,然后拖着行李快速出门。

李莎踩着高跟鞋,穿着旗袍优雅地抽着烟在等沈可可,用眼角瞥到沈可可下来了,就转身一边抽烟,一边不缓不慢地走上了旅馆前的小路,把行李留给了沈可可。

沈可可穿着旗袍行动非常不便,她一边拽着旗袍下摆一边把自己的行李搬下了长台阶,然后拽上李莎的行李,拖着两个行李箱小跑着追上了李莎,跟在她的后面,她本来还想问问另外两个行李箱去了哪里,但是看着前面那个强势的背影,又想起之前在火车站看到的箱子里散落的物品,她觉得自己没有过问的勇气,于是就打消了要问的念头。

两人各自穿着旗袍往前走着，一路上非常惹眼，引来不少法国女人艳羡的目光，和法国男人们大胆钦慕的招呼或者口哨声，两人依然是一个走在前面，一个跟在后面，中间隔着一段距离。

　　在一个转弯处本来应该是往右拐走向火车站的，但是李莎却想也不想地就往左走，沈可可拖着两个行李箱小跑了几步，走到李莎的身边说：

　　"火车站应该是往那边。"

　　"先吃饭。"

　　李莎用余光瞥了一眼沈可可穿着旗袍玲珑有致的身材，头也不回往前走去，沈可可拖着两个行李箱跟上去。

　　李莎在昨天被赶出来的那家法式餐厅前停下。

　　沈可可快步跟上来想要劝阻她不要再次进去，可是李莎却理了理自己的旗袍，说了一句：

　　"在这儿等着。"

　　然后就优雅淡定地走向那家餐厅，餐厅的服务员赶忙给她拉开门，问着李莎：

　　"请问几位？有预约吗？"

　　李莎高傲却礼貌地对服务员说：

　　"两位。没有预约。"

　　服务员像是被穿着旗袍的李莎那种优雅自信的魅力震慑，那句"本餐厅需要预约"硬是没有说出口，反而改成了：

　　"请跟我来。"

　　李莎微笑着说："等等，外面那位女士是和我一起的，你去带她进来，顺便帮我们把行李箱搬进来寄存好。"

　　李莎说着递给他一张10欧元的小费，服务员赶忙接过然后道谢。

另外一位服务员来引李莎到靠窗的座位上。

那位出去搬行李的服务员殷勤地带着沈可可来到了李莎的对面坐下。

李莎边看菜单边问服务员:"我记得你们店里有免费替客户预订玫瑰的服务是吗?"

服务员回答:"是的,女士,这是我们店的特色服务,您需要几朵?"

李莎用非常认真的语气说:"一万朵,一个小时内就要,我们要赶两点的那趟火车。"

服务员和沈可可都惊讶地看着李莎。

沈可可立刻凑近李莎,用中文小声地说:

"我们没这么多钱。"

李莎也用中文淡定地回答:

"他们也没这么多玫瑰。"

服务员小跑着去把经理请出来,经理对李莎说:

"这位女士,非常抱歉,我们实在无法准备这么多数量的玫瑰花。"

"你们也没有写明玫瑰数量需要在多少朵之内,我为什么不可以要一万朵?"李莎用温柔却坚定的语气问。

经理被问得说不出话来。

李莎继续说:"同样的你们也没有写明顾客需要穿什么样的服装,为什么昨天拒绝我们用餐,而且是在我们非常饿的情况下?"

经理看了一眼站在旁边的服务员,他很聪明地明白了昨天发生过什么样的事情,很客气地说:"非常感谢两位女士今天光临我们餐厅,我们也非常抱歉昨天发生的不愉快,今天两位女士在我们餐厅的这顿午饭将被免单,祝你们用餐愉快,也希望你们可以一如既往地喜欢我们餐厅。"

李莎:"一句抱歉就够了。"

沈可可听到这句话有过一丝闪神,李莎这句话是不是也在暗示自己什么?她抬头小心翼翼地去看李莎,而李莎却像没事一样,说完这句话以后就开始点单了。

李莎不慌不忙地点完单,平静地对服务员说了声谢谢。

菜品上来了,蛋黄煎鹅肝上面点缀着橙红色的鱼籽、奶油焗蜗牛上撒着一层嫩绿的葱末,还有浅黄色土豆泥上涂了深棕色的松露,每道菜都做得非常精致。

法国人好像是把他们的浪漫全融进了菜品里,呈现出来的食物也像艺术品,让人不免有些惊叹原来真正的浪漫是渗透在生活里的,也就是说其实柴米油盐也可以是很浪漫的,前提是只要爱还在,李莎的脑海里一闪而过陈先生曾经就在这个位置上,送给她一朵深红色的玫瑰。

沈可可用刀叉切了一小口鹅肝放进嘴里,鲜嫩可口,肥而不腻,如果对面坐的不是李莎,她应该会忍不住把"好吃"两个字喊出口,她抬头看了看李莎,没想到李莎正在看她,她赶紧端起杯子喝了一口水,趁李莎低下头去切菜,她吸了一口气收起自己脸上对美食哪怕一丝一毫的享受。

接下来李莎只是吃,两人都没有说一句话,只有吃饭期间沈可可留心到李莎的杯子里的红酒空了,她叫服务员给她加了一次酒,李莎也只是冷淡地说了谢谢,整顿饭再也没有其他话。

吃完了饭沈可可把服务员叫过来要买单,服务员很礼貌地对她们说:

"你们的餐费已经被免单了。"

李莎却拿出一叠现金坚持要买单,服务员拗不过她,又去叫出了经理,面对经理的再三请求李莎还是坚持说:

"谢谢你,我没有不买单的理由。"

沈可可有点欣赏地看着说出这句话的李莎。

经理也拗不过李莎，于是亲自帮她买了单，但是他递过来的账单上写着：1欧元。

看来法国人不只是有浪漫，也有经商的精明和智慧，还有一种从过去的历史里延续下来的贵族骄傲。

李莎拿着账单看了看经理，经理礼貌地笑着，李莎接受了这份善意，支付了1欧元的餐费。经理还送了李莎几朵玫瑰，和一份打包好的彩色马卡龙。

李莎本来想要拒绝，沈可可担心刚刚融洽起来的气氛会再次变得紧张，她赶紧接过玫瑰和马卡龙，连着说了好几声"谢谢"，然后起身跟着李莎。

两人取了行李，经理和服务员把她们送出门外，对李莎说：

"欢迎你们下次再光临本店。"

李莎漠然地回头看了看这家店，说：

"我不会再来了，希望你们以后不要拒绝任何一位饥饿的客人。再见。"

说着李莎头也不回地走了。

经理和服务员一脸无措，沈可可尴尬地朝服务员和经理笑笑，赶紧把玫瑰和马卡龙挂在箱子上，拉着两个行李箱跟上李莎走了。

两人一前一后继续朝着火车站走去。

沈可可和李莎两人这次非常准时地赶上了去格拉斯的火车。

火车驶动，缓缓开出了巴黎火车站。

看着巴黎整个城市不断在车窗外后退，沈可可松了一口气，然后转头看了看坐在对面的李莎，她微醺地看着车窗外的风景，穿着旗袍的李莎侧面轮廓非常优雅，沈可可觉得自己作为女人都有几分沉醉，没想到李莎这时候竟然主动开口对她说话了，沈可可有点慌张地调转了视线。

"第一次来法国？"李莎看似平淡地问。

"是的。"沈可可低头回答。

"以前想过会来吗？"李莎再问。

"想过，但是没想到是……"沈可可看向李莎却没有说下去。

"和我？"李莎转过头直视着沈可可问。

沈可可再次慌乱地调转了视线去看窗外，然后说了一句："是的。"

"对了，你怎么会有钱？"沈可可转移了话题。

"早上卖了两个行李箱正好够一顿饭钱。"李莎又是很平静地看着窗外回答。

"你为什么要处理掉那些东西？"沈可可小心翼翼试探着问道。

李莎没有回答，只是若有所思地上下打量着沈可可身上的那身深红色旗袍，以及被旗袍裹得玲珑有致的身材。

"这身旗袍很适合你。"李莎又是看似平淡地说。

"谢谢。"沈可可别扭地拽了拽自己身上的旗袍，然后说："有点小了，你穿应该会更好看，到了以后我洗完还你。"

"你留着吧。"说完李莎转头看向了窗外，幽幽地说："这是我的订婚旗袍。"

沈可可诧异地转过头来看着李莎，却不知道该说什么，她脸上火辣辣的，真的很想在这一刻就找个地方把旗袍换下来，她感觉这件旗袍的每一寸丝绸都好像在灼伤自己的皮肤，也感觉旗袍在收拢，好像越裹越紧，紧得仿佛要窒息一般。

这时一个金发碧眼的法国男人拖着行李走过来，他和李莎对视了一眼以后，若无其事地把行李放在了行李架上，然后坐到了沈可可旁边，他用一口不太标准的中文开始和沈可可搭话。

"你们穿的旗袍太惊艳了，特别是女士你身上这身深红色的，穿在你身上实在是太性感太美了，你们是中国人吧？"明明是对两个人说的话，他却只讨好地对着沈可可说。

沈可可往里挪了挪，礼貌却又保持距离地说："谢谢，是的。"

可是这个法国男人却开始扯开了话匣子：

"你们好，我叫Maxime，我真特别特别喜欢中国呀，我去过中国很多次，很喜欢中国的风景，特别是杭州和苏州，喜欢中国的食物，特别是川菜和火锅，喜欢中国的文化，我特别喜欢中国的书法和国画，我还喜欢中国的服饰，特别是旗袍，当然，最喜欢的还是中国的女人，哈哈哈哈哈……"

沈可可听出了话外之意，但还是保持礼貌地笑了笑，李莎把头靠在窗沿上，完全没有参与话题的意思。

Maxime又接下去问："你们来自中国哪里？"

沈可可保持礼貌地回答："我们在上海生活。"

Maxime马上接到了话题，更絮叨了："我在上海待过三年，就住在衡山路上，我很喜欢上海的，那么多摩天大楼，又现代又时尚，要不是因为丈母娘不喜欢我，我差点就娶了一个上海老婆，我还会说上海话呢，你听听看标不标准？"

说着Maxime就开始用更加不标准的上海话，模仿着上海老阿姨举着喇叭的动作说了一遍："居民同志们，困觉之前门窗关好，煤气关塌，防火防盗，注意安全！垃圾分类要做好！"

逗得沈可可笑出了声，依然看着窗外的李莎也撇了撇嘴角。

这个Maxime一路上嘴都没有停过，从中国聊到了法国，从哲学聊到了宗教，从音乐聊到了时尚，一直不停地说着话，也时不时地会逗沈可可和李莎笑。

13

"欢迎陈先生回家。"

同一个酒店的同一位服务员,那位老绅士对着陈嘉南说。

陈嘉南从老绅士打开的车门下了车,他坐的也是前几天李莎她们坐的同一辆车,一样的车牌号码。

陈嘉南拿出一张 20 欧元的纸币递给了那位老绅士,然后问:

"我夫人还在这里吗?"

"她已经离开了。"老绅士回答。

"什么时候离开的?"陈嘉南紧接着问。

"前天中午。"老绅士回答。

"你知道她去了哪里吗?"陈嘉南又问。

"这个我不知道,她只说自己不会回来了。"老绅士回答完以后耸了耸肩膀。

陈嘉南再次拿出一张 20 欧元的纸币递给那位老绅士,说:"行李送到同一个房间。"

说完他穿过旋转门,走进了酒店。

14

开在海边的火车上,李莎倚靠在陈先生的怀里。

夕阳从火车的车窗透进来,照在他们身上,李莎惋惜地看着夕阳说:"这么美的风景要是不会消失就好了。"

陈先生调皮地捏了捏李莎的鼻子,说:"人生这趟列车,我就是你的风景,我一直不会消失,一直陪着你到终点站。"

李莎甜蜜地笑着问:"只有我们两人?"

陈先生故意拖长了声调:"还有别人。"

李莎略带失望地从陈先生怀里挣脱,坐直了身子问:"还有谁?"

陈先生认真地说:"还有一车我们的孩子。"

李莎大笑着问:"一车这么多。"

陈先生用染上了情欲的眼神看了李莎一眼。

然后就拽起李莎往火车的厕所间走去,陈先生看左右没人就拽着李莎挤进了厕所间,反手锁上门就开始狂吻着李莎,边吻边拉高她的上衣,撩高她的裙子。

从火车飞驰着的车窗外可以看到两人不断晃动的身体,和李莎醉在了幸福里的酡红色的脸庞,以及融在了火车飞驰声中若隐若现的呻吟。

夕阳从车窗外照进来,照在李莎的脸上,她缓缓地睁开眼睛,眼前看到的是和以前类似的风景,但她知道身边已经没有说好陪她到人生终点站的陈先生了,只有她自己。

"你醒了,我刚才看见你在梦里笑。"坐在一旁的 Maxime 说。

李莎转过头去看了看他,又看向窗外说:"好梦总是会醒。"

火车外的日暮缓缓西沉，她们所在的火车行驶到了一片海边。

从车窗玻璃里看出去是一片在日暮下泛着金光的大海，太阳渐渐落入了海平面，天空被染成了浓烈的红色，红色渐渐幻变成绛红，绛红又幻变成浅紫，这种色彩绚烂的变化真像是打翻了的颜料盘，应该也只有天上的神才会有这样宏大的笔法，这样流光溢彩的着色能力。

如此动人心魄的景色让 Maxime 停止了说话，三人都看着窗外的风景沉默着，渐渐的淡紫变成了靛蓝，靛蓝慢慢成了黑，直到黑幕完完全全遮住了整个世界。

"人生真像一列车。"Maxime 由衷地说。

"为什么？"沈可可顺口接着问。

"不断变幻的风景每分每秒都不一样。"Maxime 回答。

"过去的风景就不会再回来了，人生更像一趟单程的列车。"沈可可接着说，"不断有人上车，也不断有人下车。"

李莎接了她的话："说好一起到终点的人有可能突然中途就下车了。"

说着火车缓速驶进了一个就在海边的小站，停靠了，三三两两的客人拿着行李下车去了，李莎说："但如果只是中途下车抽根烟，终究还是要回来的。"

说着她拿起烟和打火机下了车，沈可可听出了她话里的意思，心口觉得很闷，本来想跟她一起下去透口气，但是刚要起身就看到 Maxime 也站起来要下去，她就又坐了回去，从车窗里看着李莎走下了火车，Maxime 跟她一起下了车，两人点了烟开始抽起来。

李莎吐出一口烟，别有所指地看着 Maxime，问：

"你觉得她怎么样？"

"身材不错，我喜欢。"Maxime 回答。

李莎又吐了一口烟，问："搞得定吗？"

Maxime 吐了几口烟回答:"不好说。"

说完他掐灭了烟就回车厢去了,但是李莎却点了第二根,站台上只有她一个人,她仍然穿着那身墨绿色的旗袍,背对着车厢面朝大海站着,海面上有星星点点的渔火,但是黑暗还是笼罩着整个海面,海浪不断地席卷着黑暗奔涌而来,仿佛要吞噬掉她,吞噬这抹墨绿。

火车鸣了要开动的笛声,李莎才走回了车厢。

坐下以后把烟放在小桌子上面,她问 Maxime:"你说人生像是火车,那女人对男人来说像什么?是不是像抽烟一样?"

Maxime 大笑着说:"确实很像,会上瘾,一旦抽上就戒不掉了。"

李莎接着说:"一个牌子抽厌了,总想着换换牌子找找新鲜感,但是换来换去还是觉得以前一直抽的那个牌子最好。"

觉得心痛难忍的沈可可脱口而出:"他已经戒烟两个月了。"

"两个月?"李莎冷笑了一声,接着说,"我老公在我生儿子的时候戒烟一年,生女儿的时候又戒烟两年,最后都抽回来了。"

然后两个人都把头各自转向窗外不说话了。

Maxime 又接上话茬儿说:"男人一辈子不可能只抽一个牌子的烟,在家里是可以固定地放着一个牌子,但是到外面做生意应酬,客户和朋友主动递过来的烟,别的牌子你说抽不抽?而且只要是会抽烟,就会想知道别的牌子是什么味道,全试过了以后才会知道哪个牌子最适合自己,已经找到最适合自己的了,还是会抽主动递过来的其他烟,偶尔也会想换换口味。"

"抽烟有害健康。"沈可可打断他的话。

"有害健康的事情多了去了,什么叫健康?活得快乐才叫健康。"Maxime 还是絮絮叨叨地说个没完。

李莎和沈可可各自看向窗外,想着心事,火车不停歇地向前。

15

空气中似有若无地飘来一股沁人心扉的薰衣草香味。

李莎深吸了一口气,一片在视线里无限延伸的紫色出现在她的脑海里,那么纯粹,那么浓郁,那么深情,在微风中簌簌作响,时浓时淡,时深时浅……

"我好想念这里的薰衣草。"Maxime的声音打断了李莎的思绪,他死皮赖脸地跟着沈可可走过来,想要从沈可可手里拉过两个行李箱帮她提着。

沈可可略带不耐烦地拒绝道:"我们就在这里分开,再见。"

李莎打断他们的僵持,问Maxime道:"你今晚住在哪里?"

Maxime回答:"你知道MAS那家旅馆吗?非常有风情的一个民宿,我特别喜欢那里,今晚就住那里。"

李莎接着说:"正好我们还没有找住的地方,可以考虑也住那里,顺便你可以帮我们把行李一起搬过去。"

沈可可打断了李莎的话,说:"我们可以找找看其他住的地方。"

Maxime回答:"这么晚很难找到住的地方了,再加上现在又是格拉斯的旺季,我可是半个月前就预订好了,再说了,我这个免费劳动力还可以帮你们搬行李。"

"行李我自己可以搬,没必要麻烦他跟我们一起。"沈可可有点不太高兴地对李莎说。

"我没有觉得很麻烦啊,恰恰相反,能和你这么有魅力的女人待在一起我觉得非常荣幸,多重的行李我都愿意搬。"

Maxime嬉皮笑脸地说着又去抢行李。

沈可可本来还想更加明确地拒绝他,李莎接过话说:"那家旅馆在另外一侧山上,格拉斯是座老城,都是石子路还不断上下坡,走过去要四五十分钟,让他来提行李吧。"

沈可可带点疑惑地问:"你知道那里?"

"以前住过。"李莎淡定地回答。

说完李莎转头就走了,Maxime主动拽过沈可可手里的两个行李箱跟上李莎,沈可可在原地一脸无奈地叹了口气,跟了上去。

确实行李拖在石子路上非常吃力,沈可可看着Maxime拖着两个行李非常困难地上不了坡,忍不住搭了把手帮他一下,Maxime马上像是接收到了阳光的植物一样灿烂起来,他又开始打开了话匣子。

沈可可看着远远走在前面的李莎,她又在一边抽烟一边往前走,在昏黄的灯光下,穿着旗袍她的背影虽然没有几天前那么强势,但还是让人不敢靠近。

还不是很晚,但是老城已经不那么喧闹了,各家的窗户里都透出柔和的光亮,半明半暗的城市像是笼着一层半透明的黑色纱布,走在里面,有童话一般的美好,但沈可可却感觉到有一丝莫名其妙的恐怖。

又到了一个上坡,沈可可帮着Maxime拖过一个行李箱,两个人吃力地拉着行李往上走。

等上完了坡,走到了一段平坦的路上,Maxime又拉过了沈可可的行李,自己一个人拖着两个行李箱往前走。

"我有男朋友了。"沈可可幽幽地说。

"结婚了吗?"Maxime满不在乎地问。

"没有。"沈可可回答。

"那我就还有机会。"Maxime笑着说。

"我很爱他。"沈可可认真地说。

Maxime 一阵大笑，大笑以后说："用你们中国人的话来说，心是会变的，爱情这东西最不靠谱，谁知道心什么时候会变？你的男朋友也许很快就会爱上别人，也许在他爱上别人之前你就先爱上了我。"

"我们中国人还有一句话叫作：愿得一人心，白首不相离。意思就是要和一个人永远相守，我不会变心的。"沈可可坚定地说。

Maxime 又是一阵大笑，笑到身子直不起来停在了路边，等笑完了他继续说："今天抽烟的时候前面那位李莎女士告诉我，她很爱她的老公，原本也打算和她老公一生相守，就是你说的什么首不相离，但是她老公现在已经爱上别人了。"

沈可可被说得脸上青一阵红一阵的，却答不上话来。

Maxime 想用手去摸沈可可的头，却被沈可可躲开了，Maxime 无所谓地放下手，耸了耸肩膀。

"什么永远啊，都是骗人的，谁知道永远有多远？我们走着看吧，用我们法国人的话来说，就是享受当下比什么都重要。"

说着 Maxime 用身体碰了碰沈可可，沈可可下意识地再次躲开，Maxime 笑笑就拖起两个行李箱往前走，沈可可也跟了上去。

16

眼前是一个欧式的古典庭院，院子前的铁栅栏门上亮着暖黄色的灯，李莎站在门口看着庭院后面的那几幢十七世纪的房子。

十年过去了。

十年的时间在这幢已历经百年的房子面前，也许不算什么。

这幢房子一点都没有变，几面墙上都覆盖着厚厚的青藤，左侧房间上的那丛蔓延了上百年的三角梅还是那么灿烂地绽放着，即使在昏黄的灯光下也很远就能看到那绚丽的一片玫红色。

在岁月和时间面前，连建筑和植物都显得微薄，何况比建筑和植物都更脆弱的人类？感情是不是就更不值得一提了？

在茫茫的时间长河里，十年应该显得很短暂、很没有意义吧？很奇怪女人会因为男人的一次背叛，而推翻和他一起走过的十年岁月，李莎知道这非常不理性，可是十年的回忆就这么在脑海里一点一点黯然失色，自己也无法控制，也许人类的大脑对背叛有着夸大和失控的处理机制。

李莎安静地站在门前这样思考着，等到沈可可和 Maxime 走近，李莎让 Maxime 上去按了门铃。

门前的对讲机里传出了法语："你好。"

"我在这里预订了房间。"Maxime 回答。

"好的，请进。"对讲机里说完这句话以后，两扇铁栅栏门中的一扇就自动打开了。

李莎率先推门走了进去，沈可可跟了上去，Maxime 拖着两个行李箱紧跟在沈可可后面也走了进去。

一条小路穿过院子通向主屋，院子里树木芳香扑鼻，Maxime

深呼吸了一口院子里的气味，对沈可可说："格拉斯的每家每户都特别重视自己房子里散发出来的气味，这家院子里种了橄榄树、茉莉、无花果树、橘子树，还有三角梅，这些植物的气味搭配，他们都是精心设计过的，每到这个季节这些植物绽放出自己的花香，然后混合在一起形成这种香气，这种香气他们取了一个名字叫作'深情诱惑'。"

沈可可深呼吸了一口，她觉得自己又开始想念那个人。

Maxime凑近沈可可耳边暧昧地笑着说："有催情的作用。"

沈可可猛地呛了一口气，然后憋着气加快脚步跟上李莎往前走。

他们走到主屋前，便有人出来帮他们提行李，三人一起走到前台。Maxime把自己的证件递给了前台，前台微笑着接过帮他开始办理入住。Maxime问前台："你们是否还有空的房间？我这两位朋友她们需要另外一间房间。"

前台微笑着回答他们说："不好意思，两位女士，今晚我们已经没有空房了，但是这位先生订的房间里有两张沙发，如果需要我们可以为你们加床铺，只需要加收每位50欧元的加铺费用。"

"不行！"沈可可一口拒绝！

"可以。"李莎却是一口答应。

前台和Maxime两人都疑惑地看着沈可可和李莎。

"我们今天就住在这里。"李莎坚定地说。

"我们再去找找看别的地方，一定还有空房间的。"沈可可带着商量的语气说着，"你可以先在这里等，我出去找住的地方，找到了来带你一起过去。"

"就住这里。"李莎还是坚持自己说过的话。

"为什么你非要住这里不可？"沈可可略带情绪地问。

李莎没有回答。

Maxime 赶忙缓和气氛地说："格拉斯现在是旺季，这么晚了一定是已经没有房间了，你出去找也没用的，不然这样，你们两个睡在床上，我一个大男人睡沙发上，好不好？"

"好。"李莎回答。

"不好！"沈可可回答。

"你去付钱办理入住。"李莎强势地对沈可可说。

"要是住在这里我就不付钱。"沈可可也坚定地说。

前台疑惑地看着三人在用中文讲着她完全听不明白的话，她礼貌地询问着 Maxime 说："还要继续办理入住吗？"

李莎回答前台说："继续办理，三人入住。"

然后把自己手上的婚戒拿下来递给 Maxime 说："先帮我们把房费付了，我这个结婚戒指押在你这里。"

"你疯了吗？"沈可可一把夺过那个婚戒，塞回给李莎，红着眼眶走到前台面前办理入住手续，李莎用这种方式比骂她更让她觉得心里难受，她强忍着不让自己的眼泪流下来，办理好了入住手续以后，前台把房间钥匙递给 Maxime，沈可可一把抢过钥匙，然后拖着自己的行李箱走向房间。

Maxime 看了看李莎，李莎没有说话跟了上去，Maxime 拖着另外一个行李箱跟上来。

三人前后进了房间。沈可可放下自己的行李，拿出洗漱用品和换洗的衣服走进了洗手间，关上门，上了锁。

她同时打开浴盆的水龙头和脸盆的水龙头，让水流声音尽可能的大，自己坐在马桶上，眼泪终于流了出来，她知道自己的选择是需要承受这一切的，可是真正承受起来的分量远远比自己想象的要更沉重，也更心酸。

李莎拿着烟走到了阳台，点了烟开始抽起来，房间在二楼，她看着房子前面，旅馆的游泳池里蓝色的水在夜色下缓缓地波动，往远处看是这个古老的城市星星点点的灯火，再远处是已经看不到的海岸线，一口烟雾缓缓地吐了出去。

Maxime 将耳朵贴在浴室的门上听了听里面的动静，只听到哗哗的水声，他敲了敲门，里面没有任何反应，他自言自语地说着：

"应该没什么事吧……"

这时酒店客服敲门送来了被子枕头，Maxime 看着服务员在沙发上铺好了临时床位，然后给了他一欧元小费，服务员就出去了。

Maxime 看了看阳台上抽着烟的李莎的身影，又看了看紧闭着的浴室门，叹了口气坐在沙发上自言自语地说："真是搞不懂女人，特别是中国女人。"

然后他打开自己的背包，开始整理东西。

过了大半个小时沈可可从洗手间里出来，她已经换下了旗袍，虽然眼睛肿肿的，但是看上去已经平静了很多，她瞥了一眼正在整理东西的 Maxime，看了看仍旧站在阳台上抽烟的李莎，放下洗漱物品，开始挪房间里可以挪动的椅柜，企图在床与沙发之间隔出一道屏障。

李莎用余光看到了沈可可从浴室出来，她灭掉烟，推开阳台门进来，说："去吃晚饭吧。"

Maxime 马上接话说："好的，太好了，我早就饿了！"

沈可可冷着脸说："我不想去。"

李莎也冷着脸回复了一句："我没钱。"

她说完就往外走，沈可可感到一种完全无法发泄的怒气，刚刚平静下来的心情像是被投入炸药的一潭死水，怒气倾不出去却只能在内心沸腾。

Maxime 还带着期盼看着沈可可，沈可可叹了一口气无能为力地拿起自己的背包往外走，Maxime 跟了上去。

尽管街上有些冷清，但是沿街的这个小餐馆里却非常热闹。

李莎他们三人走进去，刚好窗边有一桌人吃完起身离开，他们走到了靠窗的位置坐下，Maxime拿出自己的手机对着窗外朦胧的街道拍了几张照片，然后把手机放在桌边。

点好菜以后，李莎看了看他的手机，说："手机可以借我用一下吗？"

Maxime把手机递给李莎，李莎拿起手机走到餐厅外面的路沿边去打电话。

李莎拨了一串长长的号码。

"喂。"一个苍老的男声从手机里响起，这个声音听起来明显比以前更加苍老，也带有更深的疲惫，李莎眼里有一丝的酸楚，她赶紧把手机从耳边拿开，深吸了一口气，尽力平复了自己的情绪。

"爸。"李莎对着手机里的苍老男声叫道。

"李莎吗？好几天没接到你的电话了，你手机怎么打不通？你妈念叨了几天了，你什么时候来接孩子？"父亲李国宏非常关切地问李莎。

孩子，这两个字对李莎来说让她感到愧疚，她知道不该因为他们父亲的背叛而迁怒两个孩子，可是她有时会无法自制地把自己的怒气发泄在自己的两个亲生孩子身上，经历了背叛，好像让她也丧失了爱的能力，她极度厌恶这样的自己，但是她只能努力压抑下这种情绪。

"孩子们都好吗？"李莎问。

"都好，现在一个上钢琴课，一个上舞蹈课去了，两个孩子在暑假还忙着上这些补习班，都挺认真的，就是每天都问你什么时候来接他们，孩子们想你了。"李国宏说。

听到这些，李莎感觉自己的心在颤抖，手也随着心在颤抖，她拼命地忍住了自己的情绪，转移了话题。

"妈在吗？我想和她说话。"

"你妈跟着两个孩子上补习班去了，说是怕孩子太累在外面吃不好，她非要做好午饭装在饭盒里跟着去。"

"辛苦你和妈了，你们注意身体，我过几天再打来。"说完李莎打算挂掉电话。

李国宏赶忙叫住了李莎："莎莎，你等一下。"

"爸，你还有事？"

李国宏在电话那头沉默了一会儿，继续说：

"莎莎，爸知道你心里难过，这个婚是离是合你要想清楚，要为这两个孩子着想，他们还小，男人在外面无论怎么乱来，只要惦记着家，惦记着孩子，总会回来的。"

李莎在电话里听着李国宏苍老的声音带着小心翼翼，她知道父亲怕她难过，也知道父亲是为她好，这段时间父亲一定不比自己好受，但是她实在不知道怎么回答这个问题，只想着赶紧结束电话。

"爸，我知道了，我会想清楚的。"

说完她挂了父亲的电话，然后又拨通了另外一个号码。

"李总，你好。"电话里传来一个男人的声音。

李莎换了一种非常商务的公事化语气："张律师，事情都安排好了吗？"

张律师迟疑了一下，说出了自己心里的顾虑："李总，你真的考虑清楚了吗？你和陈先生这十几年一起打拼不容易，我一路跟着你，你的难处我都看在眼里，你现在这样做就等于毁了你们辛苦拼下的这份财富。"

"财富？什么是财富？两个人在一起那些叫财富，如果散了，那些都只是数字，按我说的办吧，尽快完成所有手续。"李莎斩钉截铁地回答。

张律师叹了一口气说:"好的。"

点好的菜已经上来了,Maxime看向窗外,看着李莎还在打电话,就问沈可可:

"她怎么打这么长时间的电话?要去叫她吗?"

"她前几天电话丢了,应该是有很多事情要处理。"沈可可回答他。

"她为什么不借你的电话?"

"我的手机也丢了。"说完沈可可自顾自开始吃起东西来,想了想又补了一句,"她应该打的都是中国的国际长途。"

本来Maxime还没觉得有什么,一会儿才反应过来,然后夸张地反问:"国际长途?"

Maxime开始坐立不安,自言自语地说:"好贵,好贵,再打下去我这个月的话费要爆掉了。"

沈可可完全不顾他说什么,只是自顾自地吃东西。

Maxime站起来走到李莎站着打电话的那扇透明玻璃窗边,用动作示意她赶紧挂掉电话回来吃饭。

没想到李莎只是转了个身,然后继续打她的电话,任凭Maxime在玻璃窗里面指手画脚地干着急。

沈可可远远地看着这个画面,大笑得呛到了,赶紧拿了杯水顺一下,仰头看向窗外,却发现窗外的李莎正盯着自己看,她那个眼神分明是看到了自己刚才的那个没心没肺的笑,一股亏欠感油然而生,沈可可心虚地赶忙调转了视线,也收起了自己的笑容。

终于李莎打完电话走回来,把手机还给了Maxime,并且说了声谢谢,Maxime一脸委屈地接过电话,继续吃东西。

"我们喝点酒吧?我请。"李莎提议。

"你没钱。"沈可可马上接话说。

李莎靠近沈可可,眼神锐利地盯着她,沈可可感到一种毛骨悚然,李莎说:"你从我这儿偷走的,不值这点酒钱?"

沈可可想要解释说:"我不是这个意思……"

李莎打断了沈可可将要说下去的话,对 Maxime 说:"叫服务员拿酒单来。"

Maxime 马上来劲了,立刻回答:"好的。"叫了服务员拿酒单来点酒。

沈可可再次调转了视线,感觉自己因为生气点燃的那一点反抗的斗志都已经被李莎一句话抽干了,她没有底气地说:

"我不能喝酒,你们喝好了。"

"必须喝。"李莎点好了自己要喝的红酒名字报给了服务员,然后把酒单递给了沈可可。

沈可可犹豫了一下,接过酒水单,非常纠结地看着红酒品类上一种又一种酒的名称,下意识地摸了摸自己的肚子,想不出该如何是好,忽然看到酒水单最下面有一种无酒精的饮料,她松了一口气,点了一种。

李莎轻蔑地笑了笑,继续坚持说:"点酒。"

沈可可又看了一遍酒单,无奈之下只能点了一杯红葡萄酒。

酒上来了,三个人碰了一下杯。沈可可只抿了一口准备放下酒杯,看着李莎盯着自己,不得不再次举起酒杯放在嘴边喝了一口,然后一脸痛苦地放下酒杯,赶紧端起了水杯喝了一大口水,她希望可以用水冲低酒精的浓度。

这时 Maxime 的手机响了,看来电提醒是中国打来的国际长途,Maxime 一脸不情愿地把手机递给了李莎,李莎拿起电话到外面继续接电话。

Maxime 叹了口气,拿起酒杯喝了一大口,看了看不愿意喝酒的沈可可，他用自己的酒杯碰了碰她的，问：

"酒可是一种很美妙的东西，你为什么不喝酒？"

沈可可没多想就回答："我这段时间不能喝酒。"

Maxime 又问："为什么这段时间不能喝？"

他想了想恍然大悟似的说："我知道了，特殊时期！大姨妈来了！"

沈可可没有回答，把自己的酒杯推到 Maxime 面前，说："这杯也是你的了。"

Maxime 瞬间露出了暧昧的笑容，端起酒杯，看了看沈可可喝过的位置，问："这是什么暗示吗？沈可可小姐？我知道女人在特殊时期最渴望的是什么。"

然后他把嘴凑在沈可可喝过的酒杯那个的杯口位置上，眼神暧昧地盯着沈可可一口气喝完了那杯红酒。

看得沈可可只觉得一阵恶心，她站起来小跑着去了厕所。

三人吃完了饭，走回住的旅馆，李莎还是远远地走在前面。

沈可可无奈地和 Maxime 走在后面，Maxime 已经有些微醺，调情的意图就更加明显了，他一个劲地往沈可可身上靠。

李莎回头看了看后面拉拉扯扯的两个人，她明显是感受到了 Maxime 对沈可可的欲望和意图，远远看两人还有点像一对恋人，她并不想去阻拦或干涉，反而在内心深处还有点庆幸，她希望 Maxime 可以成功，这个念头一次又一次地浮现在她的脑海里，清晰得让她自己觉得有些可怕。

她脑海中闪过曾经她和陈先生也这样嬉笑打闹地走在这条小路上，小路两边是昏黄的灯光，陈先生在后面追逐着她，她调皮地闪躲着跑在前面。

李莎好像看到了十年前那个幸福的自己从身边跑过，陈先生从

身边追过。

她眼神里出现了淡漠，这淡漠里甚至可以感受到一丝恨意，她再次看了看被 Maxime 纠缠着的沈可可，淡漠地转过身，让自己完全沉浸在自己的回忆里。

她加快步伐跟着自己的回忆走去，不远不近地跟着曾经的自己和陈先生，这样走着好像自己的幸福还不曾失去，一切好像就在眼前，就在不久前。

陈先生加快了步伐，转过一个路口，上前几步就一把搂住了跑在前面的李莎，他把李莎紧紧地搂在怀里，轻轻抚摸着她的脸说：

"这辈子我都不会让你逃走的。"

李莎带着几分醉意地看着陈先生，她不知道自己是醉在这几句话里，还是醉在晚餐的红酒里，她主动地把嘴唇凑上去吻着陈先生，这主动的吻点燃了陈先生眼里的欲火，他热烈地回应着李莎的吻，他把李莎拽进了一个偏僻的小巷里，加深了自己的吻，一手伸进了李莎的上衣，另一只手撩高了她的裙子。

李莎急忙羞赧地说："不要在这里。"

陈先生却加大了自己手上动作的力量，一边喘息着说：

"就在这里。"

这些回忆像是一把钝刀，不停地一道一道地划在李莎的心上，她拿出烟点燃，狠狠地抽了一口，却别过头去吐出来，她不想让自己吐出来的烟，干扰到自己回忆里那两个陶醉在激情里的人，她无力地靠在墙上，眼泪控制不住地流出来。

这是她第一次觉得，记忆中的那两个人好像跟自己并没有关系，她完全参与不了那种幸福，她只是个旁观者。

甚至，她更像是一个第三者，自己过去的第三者。

17

夜深了,院子里的花散放着香气。

在这深夜一切都睡着了的时候,这香味好像成了夜晚的主角,各种花香互相缭绕着,如果可以看见,这些气味因子应该像萤火虫那样在飞舞着。

这些花香因子脱离了鲜嫩的花蕊,随风飘过空无一人的院子,飞过月光透射出的斑驳树影,飞过夜空下泛着蓝色波纹的游泳池,飞过在风雨中见证了无数男女分合的那个阳台,钻进了房间里还没有睡着的三个人的鼻孔里,然后再钻进他们失眠的欲望里。

月光零散地洒在床上的李莎和沈可可两人身上,一人身体朝内,一人身体朝外,都睁着眼睛,但是谁也没有说话,谁也没有动。

而躺在沙发上的 Maxime 则是翻来覆去。

李莎往外缩了缩身子闭上眼睛,她又想起了曾经。

曾经她的陈先生就在这张床上和她紧紧相拥,那时候的这个香气对他们来说是浪漫,而现在这种香气对她来说是痛苦,她知道自己的身体在渴望,渴望着陈先生的怀抱,渴望着再次和陈先生紧紧相拥,但她的灵魂却在排斥,用尽了力气想把他和关于他的一切推出自己的脑海。

沈可可一动不动地睁着眼睛,盯着眼前的墙面,她觉得自己从没有像此刻这样想念着一个人,想念着他的微笑,想念着他的声音,想念着他的抚摸,想念着他的律动。

这床上,明明只躺着两个人,却像有三个人,多出了一个人,或者说有一个人是多余的。

在沙发上翻来覆去的 Maxime 悄无声息地抬起头看了看沈可可，然后坐起身子，打算蹑手蹑脚地走向床边，走向沈可可的那一侧。

　　他光着脚一步一步地靠近，一边走一边悄无声息地脱掉自己的睡衣。

　　听到他的动静，沈可可警觉地坐起身子，李莎也睁开了眼睛。

　　沈可可对 Maxime 大喊："你给我睡回去！"

　　Maxime 垂头丧气地走回了自己的沙发躺下。

18

一滴鲜血落在白色的雪地上。

嘉南光着脚站在雪山上,手里拿着一把匕首。

匕首上的血一滴接着一滴掉落在白色的雪地上,像殷红色的花一朵一朵散开来。

隔着十几米的前方有个女人的身影,她摇摇晃晃地往前走着,每走一步都会留下一个染着血的脚印,她用手捂着肚子,用尽了力气一步一步往前挪着,直到再也挪不动了,缓缓地倒在了雪地里。

从天空往下俯视,纯白色的雪地上有一根红色的线,歪歪扭扭的,还在缓慢地延伸。

嘉南张开步子小跑向那个身影,举起手里的匕首刺向那个女人。

嘉南瞬间张大眼睛从噩梦中惊醒坐起,飞溅出一片水花,他躺在浴缸里睡着了,手还紧紧握着,好像手里还握着梦中的那把匕首。

张开手,看到手里空空的,他有一丝庆幸地叹了口气,然后看了看周围,还是那个满地晚香玉的浴室,也还是那个浴缸。

和前几天李莎躺着的一模一样。

也和十年前蜜月的时候两人躺着的一模一样。

满头大汗的他从水里伸出手,双手捧水洗了洗脸,然后起身走出了那个浴缸。

19

这一夜，李莎，沈可可和 Maxime 三个人都没有睡着，在天蒙蒙亮的时候，三个人才各自半梦半醒地进入浅眠状态。

过了中午，三个人陆续起了床。

吃过午饭以后，阳光渐渐西斜，三人步行朝着郊外的山野出发。

空气中的薰衣草味道越来越浓郁，三个人走过一个绿茵茵的小山坡，眼前出现了望不到尽头的一片紫色，从山坡上看，紫色深深浅浅地随着微风涌动，微风又不断带来一阵又一阵更加浓烈的香气。

沈可可惊喜地看着山坡下的这片紫色薰衣草花海，完全掩饰不住自己被惊艳的欢喜，她小跑着冲下山坡去。

李莎看了看还站在身边的 Maxime，他看着沈可可雀跃的身影，眼神里充满了渴望，一阵风吹过，Maxime 回过神看向身旁的李莎，李莎对他使了个眼色，Maxime 露出一个心领神会的微笑，然后小跑着冲下山坡，李莎却没有跟上去。

李莎站在山坡上，看着山坡下紫色的花海里一前一后的身影，沈可可穿着白色的连衣裙，Maxime 穿着黑色的 T 恤衫，一白一黑两个身影在紫色的花海里虽然小小的，但是非常显眼，也许是因为到了下午，整片没有边际的紫色只有这一白一黑，周围非常安静，安静到李莎清晰地听到了吹在耳边的呼呼风声。

白色的身影移动到了花海里，黑色的身影渐渐地跟了上去。

沈可可陶醉在薰衣草让人放松的花香里，她边走边摘了一束薰衣草拿在手里，Maxime 向她走过来，她看了看 Maxime 的身后，李莎并没有跟过来，她看向山坡，李莎依然站在山坡顶上没有下来，

看不清楚表情的她一个人安静地站在山顶，俯视着这一切，沈可可拿起手里的薰衣草向山坡上的李莎挥手，李莎并没有回应。

Maxime 走近沈可可，俯下身，朝着沈可可怀里的薰衣草深深地吸了一口气，说："好香。"

沈可可退后了一步，和他保持距离，准备转身继续往前走，可是却太急了，踩到了脚下的田埂，差点摔倒，Maxime 迅速伸手一把扶住，然后顺势把沈可可搂进了自己怀里，他低头看到沈可可今天穿的白色连衣裙，若隐若现地裹住了她的曲线，胸口露出了一道浅浅的沟，在这样紫色的浪漫氛围里，实在是太有诱惑了，Maxime 无法自控地把头低下去，吻向沈可可的胸部，沈可可惊得怀里的薰衣草掉到了地上，她用力想要推开 Maxime，可是 Maxime 已经失去了理智，他用一只手紧紧地把沈可可禁锢在怀里，另一只手从她的腰下滑到臀部。

站在山坡顶上的李莎看到了一黑一白两个身影的重叠，接下来她看到了两个身影倒下去，被一片紫色吞没，一阵风带着浓郁的薰衣草花香冲向她。

李莎脑海中再次闪过她和陈先生在紫色花海里的缠绵，也再次闪过她深爱的陈先生躺在别人的怀里，说他们曾经说过的情话，做他们之间做过的亲密爱事，这一刻她忽然意识到，原谅真的是一件太难太难的事，她也在这一刻意识到，她和陈先生再也不可能回到从前了，其实早在从他选择背叛她的那一刻，就已经回不去了，因为她的心在那一刻起就满是裂痕，而在现在这一瞬间彻底粉碎了。

随着风声，她隐隐约约听见了沈可可的呼救声，好像还隐隐约约听见了她在呼喊着李莎，听到她叫着自己的名字，李莎犹豫了，即使是这个给了她巨大伤害的女人，听到了她在危险中的呼救声，她依然还是犹豫了。她痛苦地转过身去，背对这一切。

风从身后吹过来，她还是觉得自己听到了沈可可的呼喊声，李莎痛苦地捂住自己的耳朵，周围更安静了，安静得只剩下她自己的呼吸声了,她大口地喘着气,用力地想让自己的呼吸平静下来,眼泪在此刻流了出来,她闭上眼睛大喊了一声,喊出了自己所有的痛苦和委屈,所有的煎熬和心酸。

李莎痛苦地蹲到了地上,她脑海里闪过了沈可可一路上对自己的态度,千依百顺地听自己的各种使唤,虽然不情愿却还是满足自己的各种要求,李莎痛苦得双手握拳又大喊了一声,然后她睁开了眼睛,擦掉了眼泪,站起来,转过身向山下冲去!

她飞速冲下山坡,飞奔着冲进那片紫色,她今天穿着深红的裙子,在这片深紫里翩跹飘舞,她一边跑一边喊着沈可可的名字,她左右寻找,听着沈可可的呼喊声辨别着方向,终于远远地看到了被 Maxime 压在身下的沈可可,她扒开这片紫色,向他们两个人冲去。

沈可可哭喊着在挣扎,身上的衣裙已经被 Maxime 撕扯得不堪入目,李莎冲到了他们旁边,顺势拿起旁边的一捆薰衣草就冲 Maxime 砸过去,又用脚猛地把他踹开,Maxime 从沈可可的身上跌倒在地,诧异地瞪着李莎,李莎拿着薰衣草继续砸他,Maxime 拖着一条裤腿闪躲着起身后退,他一把抓住了李莎的胳膊,李莎又用腿去踢他。

Maxime 压低声音问李莎:"你什么意思?"

李莎大喊:"滚!不要再出现!我不想再看到你!"

Maxime 还想再说什么,李莎阻止了他的话,怒吼着:"你给我滚!回酒店立刻收拾东西消失!"

Maxime 悻悻然地看了看李莎,又看了看衣衫不整的沈可可,然后冷笑了一声,穿好裤子,捡起地上的衣服转身离开了。

李莎转身回到沈可可身边,帮她把衣服整理好,确认过她的状况,好在还没有来得及发生什么,李莎瘫坐在了沈可可的身边,沈可可起身一把抱住了李莎,撕心裂肺地哭起来,边哭边含糊不清地说着:"谢谢!"

李莎听到这声"谢谢"，身体僵了一下，她觉得自己承受不起这声谢谢，但她没有推开她，也没有说什么，只是静静地任由她歇斯底里地哭着。

两个人被淹没在这片紫色里，看不见任何身影，却能听到哭声，一阵风吹过，这哭声也被风吹散了，融进了薰衣草浓郁的香气里。

从山顶上看下来，依旧还是那片紫色，没有边际，好像什么都没有发生过。

沈可可背对着李莎躺在床上，一动不动，一句话不说。

李莎在旁边收拾着自己的东西，她把和陈先生一起在格拉斯定制的精油和香水一样一样从行李箱里拿出来，还有相册和纪念吊坠，一本书，一个手机，她拿起那本书翻开，在书中夹着一小支薰衣草，已经被压平褪了色，完全看不出紫色来，只看到枯掉的黄灰色，李莎把那一小支薰衣草拿到窗边，放在手心里，然后摊开手心。

她耳边响起陈先生在送她这束薰衣草的时候说的那句：

"我会一辈子对你好的。"

一阵风吹过，枯萎的黄灰色随着风就被吹走了，消失在了茫茫的夜色里。

她回到行李箱旁边，从里面拿出一个旅行背包，把自己的衣物和随身用品装到了这个背包里，然后从行李箱里拿起那个一直藏着的手机，背对着沈可可点了点屏幕，屏幕亮了，她看到了几十个嘉南的未接电话，她侧头用余光看了看躺在床上的沈可可，然后把这个手机也放进了旅行背包里。剩下的所有物品统统扔回了那个行李箱里，李莎啪的一声把箱子合上了。

躺在床上的沈可可语气黯然地说："我想回去了。"

李莎却语气坚决地对沈可可说："从明天开始我们租车走。"

沈可可没有回答，李莎也沉默地躺到了床上，两人还是一人转向一侧，一夜无眠。

20

"我很想你。"

沈可可在手机上打出这几个字,但是又犹豫地把这几个字删掉了,改成了一句:

"你还好吗?"

发送了出去,没有回音。

过几分钟她就看一下手机,一个小时过去了,三个小时过去了,一天过去了,手机依然是没有回复。

辗转反侧的沈可可一夜未眠,早上她疲惫地睁开眼睛,再次发送了一句:

"你没事吧?"

依然没有回应。

已经三天了,三天过去了,嘉南从来没有这么长时间不联系她,他是不是安好,他是不是出了什么事,还是故意消失,这是不是他无声的分手,这种不安和忐忑搅得她整个人终日心神不宁,无法思考。

第四天她看遍了他的整个朋友圈,她很想向他的家人或者朋友打探他的消息,可是她知道自己不能这么做。

又一天过去了,依然没有他的消息,深夜是最难熬的时间,思念会在夜深人静之后向她席卷而来,她无力招架,只觉得内心煎熬得苦不堪言。

忽然手机振动了一下,她知道是信息来了,她在黑暗中摸索着找到了手机,打开,看到了嘉南的消息:

"我急性阑尾炎忽然做手术,在医院躺了几天,好想你。"

看到这条信息的那一瞬间，沈可可感觉到自己的内心有种钻心的痛，她不知道是心疼他，还是心疼自己，眼泪止不住地流了出来。

连他生病她都完全不知道，他痛苦的时候她也不能守在他身边，如果有一天他有什么意外离开了这个世界，她都不会知道自己已经永远地失去了他，她是不是都不在他的葬礼宾客名单上？如果他离开了这个世界，她应该是为他哭灵的资格都没有……

越想她的眼泪越是汹涌而出……

眼泪沾湿了沈可可的枕头，她在梦里哭泣着，这哭泣声惊醒了一旁的李莎，李莎看了看外面渐亮的天空，知道已经是清晨了，她看了看还在不断从梦里流出眼泪来的沈可可，李莎神色凝重地起身，拿着烟去了阳台，在阳台上点燃了一根烟。

李莎抽着烟，回想起自己站在马路对面，看到陈先生牵着别的女人的手走出酒店的那一瞬间，她痛苦得不敢相信眼前看到的现实，找了一个广告牌躲在了背后，她不想拆穿，她拼命地骗自己那一定不会是事实，即使他牵着别人的手从酒店走出来那也有可能只是身体需求，她曾经可以这样为陈先生找着借口。

即使背叛了，她依然相信陈先生说从今以后，再也不会背叛，从今以后，只爱她一人。

直到亲眼看到第二次背叛。

她在酒店的马路对面呆站了一天。

脑子一片空白的她再次躲在那个广告牌后面听着他们大声说笑着走近，两人走过她眼前的那一瞬间，她在他们的眼睛里竟然看到了幸福，是的，确实是看到了幸福，就像当年的她和陈先生一样。

她不知道自己的幸福是什么时候失去的，她也不知道自己的幸福是什么时候被偷走的，是自己没日没夜忙工作的时候，还是含辛茹苦抚育儿女成长的时候，到底是什么时候她和陈先生之间的幸福，竟然变到了陈先生和别的女人脸上,而且在她的眼里,她觉得他和别人看起来还更加幸福……

想到这里李莎流出眼泪来……

李莎转过身从自己模糊的视线里看着沈可可,在晨光里她的肩膀还在微微颤抖着,她还没有停止在梦里的哭泣,她到底为什么在梦里哭?而且还哭了这么长时间,为什么会哭得如此伤心?

她不想叫醒她,沈可可在梦里哭,她自己却在现实里哭,全都是眼泪,哪个更痛苦、更难过?

可是现在,如果非要选择一位,他会选择谁?坦白说,他不知道。

第四章

21

李莎和沈可可两人一起在租车店里看车,李莎看中了一辆湖蓝色的敞篷老爷车,看上去很优雅也很拉风。

站在一旁的帅哥金发碧眼,他在不断介绍这款车的优秀性能和拉风酷帅的车身,还顺便提了一提说某个剧组曾经也向他们租用过这辆车,而且是电影里某个明星开过的,并告诉她们在欧洲全境内都可以还车,殷勤地说了一大堆这辆车的好。

"太贵了,也不实用。"沈可可小声地嘟囔着。

李莎把自己的行李背包往后座上一甩,然后打开副驾驶座的车门,坐上去感受了一下,说:"就这辆了,去办手续吧。"

说着转身从自己的背包侧面拽出一叠欧元,递给沈可可,沈可可惊讶地又问:"你这又是哪里来的钱?"

"最后一个行李箱。"李莎一边调整自己的副驾驶座位前后位置,一边说。

沈可可接过钱,极不情愿地说:

"那能省也尽量省一点,我们还有很长的路要走。"

"走一步看一步。"李莎调整好了座位靠在椅背上,边说边戴上了墨镜。

沈可可知道自己说服不了李莎,无奈地把自己的行李箱也放进了后座,然后拿着钱跟着那个金发碧眼的帅哥去办理租车手续。

办理完租车手续,沈可可开车,两个人就上路了。

沈可可问李莎:"我们去哪里?"

李莎戴着墨镜靠在车的椅背上回答:"不知道,走到哪里算哪里。"

沈可可继续问："那也要有个方向啊，不然我往哪里开？"

李莎："你先随便绕一绕，等会儿找个地方买一份地图。"

沈可可开着车漫无目的在小城里绕，开过了几个路口以后，看到路边有一家小的超市便利店，就把车开过去停在了门口，对李莎说：

"你等等，我去买地图，顺便买点水和吃的东西。"

然后她下车进了便利店，过了一会儿提着一袋东西从小超市出来回到了车上。

她从袋子里先拿出一份英文版的当地地图递给李莎，说：

"你先研究一下我们去哪里。"

李莎接过地图，开始认真地看起来。

沈可可拿出两瓶水，再把食物放到了后座上，她没有马上开车，而是把一个东西递给了李莎。

李莎问："什么？"

沈可可回答："手机，里面放着欧洲的电话卡，开通了一个月，虽然功能不是很多，但是可以打国际长途和上网，路上你应该很需要。"

李莎接过手机看了看，很随意地问："你自己也买了一个？"

沈可可："没有，太贵了，我们可以共用一个，我只是偶尔登录一下微信就好了。"

李莎瞪了她一眼，把手机递回给她，说："我不想和你共用任何东西，包括手机。"她特意强调了"共用"两个字。

沈可可脸刷的一下红了，那种无地自容的感觉再次回来了，她悻悻然地说："那我不用了，你用吧。"

说完为了掩饰自己的尴尬，她赶紧启动了车继续上路。

看沈可可没有接过去，李莎拿回了手机打开，启动开机键，开始在车上下载路上要用到的各种手机软件，试用手机的各种功能。

过了一会李莎把手机充上了电，下载好导航地图，一边查看地图，一边说："我们去托斯卡纳。"

沈可可问："托斯卡纳在哪里？"

李莎回答："意大利。"

沈可可："怎么走呢？"

李莎打开了地图的语音导航，说："你跟着导航走吧。"

沈可可试探性地没有底气地问了一句："你之前去过吗？"

她强烈地希望托斯卡纳没有李莎过去的回忆，这样去了她不用背负过于沉重的罪恶感，至少她可以有喘息的空间。

李莎回答："没有。"

沈可可松了一口气，李莎瞥了一眼沈可可的表情，接着说："本来打算今年一家四口去度假的，为什么没去，原因你很清楚。"

沈可可刚松了一口气的表情瞬间凝固了，她感觉自己又再次坠入了深渊，她小心翼翼地开着车，车子平缓地驶出了格拉斯，驶上了法国南部通往意大利的乡村公路。

22

从巴黎机场接李莎和沈可可的那辆黑色车,再次停在了巴黎中心火车站门口,还是那个司机开车,而坐在后座的却是陈嘉南。

陈嘉南看着火车站的门口问司机:"你确定她们是在这里下了车?"

"是的,她们下车以后,带着行李进了火车站。"司机回答。

"她们坐火车去了哪里?"陈嘉南又问。

"这个我真的不知道,我只把她们送到了这里。"司机又回答。

陈嘉南拿了几张大额的欧元递给司机,然后下了车。

他并没有立刻进火车站,而是站在门口抽着烟,这辆车带他去了李莎前两天在巴黎去过的所有地方,曾经相似的路线让他隐隐知道李莎带着沈可可去了哪里,可是他不明白李莎为什么这么做。

不安像是一根牢不可破的绳子,一头捆绑着自己,另一头被命运牵着,他越往前走就捆绑得越紧,因为命运在朝着相反方向拉拽。

以前他曾对天地发誓自己只爱李莎一个人,他可以向天地间所有的神灵问心无愧地证明,自己发誓的时候是真心的,百分之一百的真心,不含任何杂质。

后来他爱上了别人,他再次对天地发誓自己以后只爱李莎一个人,他会和沈可可分手,断得一干二净,可是这时候的他越发誓只爱李莎一个人,却越是想要沈可可,甚至其他女人。

他带着几分侥幸。

他以为自己小心翼翼地掩盖一切,就不会被李莎发现,至少不会那么快再次被李莎发现。

他以为只要李莎被蒙在鼓里,他就可以同时拥有两个女人,因为他不想失去任何一个。

  可是现在,如果非要选择一个,他会选谁?

  坦白说,他不知道。

  也许是暂时还不知道。

  他还没想清楚。

  这样想着,他掐灭了手里的烟,走进了中心火车站。

  他不知道谎言是对女人最大的伤害。

23

　　车子飞驰在法国通往意大利的乡村公路上。

　　时而是一片成荫的柏树林,时而是一望无际的薰衣草,时而又是阳光下金灿灿的向日葵,还有整齐的葡萄园,祥和的田园风光不断地在公路两边呈现,就像是人生中的一幕幕回忆,不断地后退,李莎和沈可可两个人安静地看着沿途的风景,李莎打开了车上的音乐,舒缓而又慵懒的法国女歌手吟唱着抒情的歌声从收音机里飘出来,更是给这两边的风景染上了些许慵懒的诗意。

　　车子又在音乐声中开了一个多小时。

　　沈可可看了看李莎,看李莎靠在椅背上好像是睡着了,她就把音乐关掉了,还打算把车子的顶篷也关上。

　　李莎慵懒地说了一句:"我没有睡着。"

　　沈可可停住了要关顶篷的动作,她问李莎:"音乐还要打开吗?"

　　李莎回答:"不用了,安静一会儿也挺好的。"

　　车里又恢复了沉默,沉默好像是无形的空间,在封闭狭小的空间里把两个人隔离开来,感觉两人的关系好像又要回到旅行的刚开始,沈可可不喜欢这种沉默,更不想让这种沉默持续太久,她想着要聊点什么来打破这种沉默。

　　"你为什么想带我出来旅行?"沈可可问。

　　"如果你是我,你会怎么做?"李莎不答反问道。

　　"我不知道自己会怎么做,但是我知道我的内心没有你这么强大。"沈可可回答。

　　李莎苦笑了一下,叹了口气说:

"没有女人天生是强大的,强大都是被逼出来的。"

边说李莎拿下墨镜转过头去正视着沈可可,平静却带着某种暗示,说:"也许有一天你也会变得强大,比我更强大。你有没有想过,五年或者十年以后,你可能会成为下一个我,你不怕吗?"

沈可可握住方向盘的手握得更紧了,她感觉自己的心被撞击了一下,她不是没有想过这个问题,她一千次一万次地想过,可她还是走上了这条明知道很艰难也明知道是错误的道路,因为动了心,动了心就身不由己了。

沈可可幽幽地说:"我怕,非常非常怕,可是我心不由己,无论是五年或者十年,或者更短的时间,哪怕只有一年,甚至半年,我就过好这段时间,活在当下。"

李莎大笑了,这笑里带着沧桑和不甘,她笑完说:"心不由己?活在当下?你们真是自私啊。你们由心地活在当下了,有没有想过这是建立在多少人的痛苦之上?"

沈可可握方向盘的手更加用力了,她深呼吸了一口气说:"我知道,我都知道,不管你信不信,我内心受的煎熬不比你少,我希望可以尽力补偿。"

李莎问:"怎么补偿?"

沈可可回答:"我会答应你所有的要求。"

李莎再次大笑了,笑完以后追问:"如果我让你去死呢?"

这个问题沈可可回答不上来,她也不知道怎么回答。李莎又戴上了墨镜,重新靠回椅背上,车里再次恢复了沉默,这沉默再次隔开了两人,尽管车里的空间那么狭小,不过几个平方米,却像是沉默隔开的两个世界,绝不可相容的两个世界。

公路两边时不时地有骑行的人路过,三三两两或者一群一群的,有的骑着自行车,有的骑着摩托车,他们虽然一路风尘仆仆,满脸疲惫,却总是笑着和她们两人打招呼,说着法语或者英语的你好,看着那些笑容里充满了善意和从容,仿佛骑行过的一路艰辛换给他们的是深心里的平和,明明是同样的风景,明明也是同样的路程,坐在车里的李莎和沈可可却有着和他们截然不同的心情。

车子开过了一条长长的铁索桥,桥下面是平缓流过的河水,经过了这条铁索桥,眼前是一个大峡谷,峡谷下有一湾深蓝色的湖水,夕阳已经从金色变成了紫红,深深浅浅的紫红色懒懒地覆盖在蓝色的水面上,骑行或者自驾的人都停在路两边,或者休息,或者欣赏这一天最后的一缕夕阳。

沈可可也把车停在了路边的停靠点,对李莎说:"我们也下去休息一下,我想上厕所。"

李莎看了看眼前纯自然原生态的风景,很直接地说:"这里不像有厕所的样子。"

沈可可还是先下了车,说:"我下去问问。"然后就拽过背包下车去了,跑去路边问了骑行的一个欧洲女人。

李莎也下了车,点上了烟,看着远处即将消逝的夕阳抽着烟。

沈可可问完回来,焦急地说:"这附近真的没有厕所,怎么办?"

李莎说:"那他们是怎么解决的?"

沈可可叹了一口气低声说:"原地解决。"

李莎转过头看向远处说:"那你也原地解决吧。"

沈可可语气带着请求,低声地问:"天快黑了,我们一起去吧,你帮我看守一下。"

李莎摇摇头说:"我不去。"

沈可可讨好地拽过了李莎的胳膊,继续说:"求求你了,我真的快憋不住了。"

李莎看了她一眼,不说话,沈可可继续说:"人有三急啊,你不能见死不救啊,快点走吧。"说完不管李莎答不答应,她就拽起李莎的胳膊开始往没人的方向跑去。

天色暗了下来，两人跑到了一个没人的石头边，沈可可看看四周确定没有人了，合掌对李莎说："你就站在石头旁边等我，拜托了。"

说完就自己跑到了石头后边，天完全黑了下来，沈可可担忧地看了看安静的四周，在石头后面冲着李莎喊："你不要走开哦。"

李莎看似爱答不理地回了一句："我知道了。"

过了半分钟沈可可又对李莎喊："你还在吧？"

李莎回答："在。"

一片黑暗里，沈可可隐约感觉到有什么东西在缓慢地靠近，不安的她好像还听到了越来越近的呼吸声。

忽然感觉到有什么在舔她的屁股，沈可可一声惊恐的尖叫。

李莎听到了尖叫声，冲向石头后面，看到沈可可提着裤子慌张地哭喊着冲出来。

黑暗里依稀看到有什么东西紧跟着沈可可跑了过来。

李莎拽起沈可可就跑，冲着刚才人多的方向狂奔，两个人边跑边喊救命，沈可可更是惊恐地不断尖叫。

两个人都感觉到了那个黑暗中看不清楚的东西一直跟随着她们，眼看着远处有了灯光和人影，两个人边喊边冲了过去。

路两边的人群被她们两人惊恐的尖叫声吓到了，以为是在荒野里遇到了什么野兽，纷纷拿起手边的工具戒备地围拢过来，打算帮助她们抵御野兽。

她们两人一路狂奔，一路呼喊着跑到了人群里。

后面那个东西也尾随着她们一路跑过来，人群在昏暗的灯光下看清楚了追她们的那个动物，然后爆发出一阵大笑，两个人不解地看着人群围着那个东西大笑，互相对视了一下，然后扒开人群走了回去。

人群里一只可爱的小狗在吐着舌头呼呼地喘气，两个人尴尬地看了看周围，然后也忍不住跟着人群大笑起来。

那只小狗年轻的女主人小跑过来不好意思地抱起小狗，男主人一个劲地向李莎和沈可可道歉，然后还说他们的小狗好像特别喜欢李莎和沈可可，为了表示歉意，他们盛情邀请李莎和沈可可两个去他们家共进晚餐，他们家就在不远处的农庄里。

盛情难却，也确实饿了，李莎和沈可可就同意了他俩的邀请。

李莎和沈可可回到了车上，互相看了一眼，然后又开始大笑。

李莎问沈可可："你擦屁股了吗？"

沈可可挪了挪屁股委屈地说："根本来不及啊。"

她说完李莎又开始大笑，沈可可启动车跟上前面的那辆车，车里的小狗还把头伸向车外，迎着风看向她们。

李莎和沈可可的车跟着前面的车开过一片花田，因为天已经黑了，并看不清两边的景色，只闻到一路花香，然后沿着山坡往上一直开到了半山腰，到了半山路开始平缓起来，两边是浓密的橄榄树林，开过这片树林前面出现了一个庄园。

庄园依山而建，黑夜里的庄园灯火隐约，看上去像是一个晶莹剔透的水晶石镶嵌在夜幕里黑色的山腰上，隐隐闪着光，非常美。

车子开进了庄园，停在主屋前的空地上。

李莎和沈可可下了车，看着眼前精致温馨的半山农场，深呼吸着清澈却带着花香的空气，沈可可情不自禁地叹了口气说："这里真像是世外桃源。"

那一男一女也下了车走过来，带她们两人走进了房子，客厅里聚集了老老少少的一群人，沈可可看到这么多人，红着脸先问了洗手间的位置，一脸抱歉地先去了洗手间。

那对男女先带着李莎走进客厅，向她介绍自己的家庭成员，也向自己的家人介绍她。

这对年轻男女是犹太人，年轻女人叫Tina，年轻男人叫Liam，两人都是宠物医生，他们是一对即将结婚的未婚夫妻，他们有一个大家族，这个大家族世代生活在大峡谷附近的这个向日葵农场里，他们家族拥有一片非常大的向日葵花田和橄榄树林，出产各种与向日葵和橄榄有关的食品和日用化妆品，远销国际。这对年轻的未婚夫妻平时生活在意大利，这次他们是带着小狗 Tim 回来办婚礼的。

晚餐摆在院子里，长餐桌旁围了一圈的人，年轻的未婚夫 Liam 用法语绘声绘色地向全桌人讲述着沈可可和李莎被小狗 Tim 追的场景，全家人都开怀大笑，沈可可和李莎尽管听不懂法语，但是能看懂他滑稽幽默的动作。

等年轻的未婚夫讲述完了，全家人一起笑着举杯敬沈可可和李莎，年老的一个男人，看得出是这个大家族的家长，说："敬给我们带来快乐的，两位远道而来的客人。"

年轻的未婚夫 Liam 用英语向李莎和沈可可翻译了这句话，两人赶忙举起酒杯，所有人共同用法语说着："干杯。"

喝完以后李莎和沈可可正准备放下自己的酒杯，Tina 用欢快的语气大声地对她们说："我诚挚地邀请你们两位参加我的婚礼，婚礼就在明天，我希望可以得到你们的祝福。"

李莎和沈可可端着的酒杯还没有来得及放下，全场人都安静下来在等着她们的回复，沈可可和李莎互相对视着，沈可可用眼神示意着李莎不要同意，她想象得到自己参加别人婚礼的那种别扭，更何况还是和李莎一起，她凑近李莎小声地用中文说："我们不要参加了，找个合适的理由拒绝吧。"

李莎明明是看到了她恳求的眼神，但是却把脸转向不远处的 Liam，满脸笑意地说："特别感谢你的邀请，我们非常荣幸可以参加你们的婚礼，这无论对我还是她。"

说着她还用手轻指了一下沈可可，然后继续说：

"都非常有意义。"

她刻意强调了"意义"两个字，然后再次举起自己手里的酒杯，对 Tina 和 Liam 说："祝福你们新婚快乐！"

然后全场再次纷纷举起了酒杯，沈可可也不得不再次举起装着果汁的酒杯，不得不说了一句："祝你们新婚快乐。"

晚餐结束以后，Tina 把李莎和沈可可送到了客房，并且大概介绍了一下婚礼的流程，李莎问 Tina 说："你和新郎认识多久了？"

Tina 满脸幸福地说："我们的父亲是老朋友也是工作伙伴，他比我大五岁，从我出生第一次睁开眼就认识他了，我们从小就生活在这片向日葵田园里，他走到哪儿，我跟到哪儿。"

沈可可一脸羡慕地说："那你们是上天注定的缘分。"

李莎从自己的背包里翻出一条项链，深蓝色的心形宝石吊坠，她拿着项链走到 Tina 面前，把项链递给 Tina 说："时间仓促，我们也来不及准备什么结婚礼物，这个送给你，祝你们永远在一起，永远！"

李莎一边强调着她自己没有得到的"永远"两个字，一边把项链递过去。

Tina 连忙推辞说："这太贵重了，我只是希望你们可以分享我的幸福，并不需要什么礼物。"

李莎微笑着说："我也是真心地祝你幸福，再贵重的首饰也要戴在幸福的人身上，才会闪闪发光，否则一文不值，这条项链作为结婚礼物，见证你们一生相守的幸福，才会是珍贵的。"

说着她就帮 Tina 戴上了项链，说："你比我更适合佩戴它。"

沈可可看到了那条项链,感觉自己好像再次被蒙头重击了一下，她看着那条项链若有所思，心情复杂地调转视线看向别处。

Tina 一把拥抱住了李莎说："谢谢。非常感谢。"

被 Tina 拥抱着的李莎看到了沈可可脸上复杂的表情。

两人送 Tina 出房门，沈可可关上了房门，她失落地打开自己的行李箱子，拿出洗漱用品准备走进浴室。

李莎问："你怎么了？"

沈可可幽幽地回答了一句："我没事。"

说完沈可可走进了浴室，关上了门。

她解开了自己衬衫的几颗衣扣，手伸进贴身吊带衫的里侧，微微颤抖着拿出一直戴在胸口的项链，那条项链上的心形深蓝色宝石吊坠和刚才李莎送给 Tina 的那条一模一样。

一滴眼泪从沈可可的眼睛里滑落，掉在这深蓝色的心上，沈可可压抑着不让自己哭出声音。

回忆袭来。

嘉南的脸出现在她模糊的视线前，为她戴上了这条深蓝色的项链，并附在她耳边说着："这项链就是我，以后我不在你身边的时候，它就代替我挂在你的胸口。"

说完嘉南的手指就顺着那条项链慢慢地下滑，滑到她的胸部，两人疯狂地拥吻在一起。

嘉南的脸渐渐消失在眼前，沈可可擦掉模糊了自己视线的眼泪，从洗漱的化妆包里拿出一个首饰袋，把项链装回到了首饰袋里，然后把首饰袋藏进了洗漱包的最下面。她打开水龙头开始洗澡。

洗完澡以后，打开浴室门出去发现李莎已经躺在床上睡着了，她轻手轻脚地把洗漱包放进了自己的行李箱里，又轻手轻脚地帮李莎盖上被子，她屏住呼吸看着李莎的睡脸，安静睡着的脸柔和了很多，不像醒着的时候那么霸气强势。

她走到另一侧躺下，却又是一夜无眠，到早晨的时候才昏昏沉沉地睡了一会儿。

24

陈嘉南走进了那个在风雨中矗立了几百年的欧式庭院。

这也是他相隔十年以后第一次再来到 MAS 这个旅馆，空气中依然弥漫着让人动情的气味，可是陈嘉南却完全没有闻到，他已经完全没有了看风景的心情。

他急匆匆却又左右环顾着走到前台，问前台的服务员：

"请问一下李莎女士住在哪个房间？"

服务员说了句："稍等。"然后敲了敲电脑以后说："他们三个人已经退房离开了。"

"三个人？"嘉南本能地反应出强烈的疑惑。

"是的。"服务员回答。

"请问是哪三个人？"嘉南又问。

服务员疑惑不解又带着防备地说："抱歉，我们不能把客户信息透露给陌生人。"

嘉南顺了口气，拿出了一张二十的欧元递给服务员，说："我在找我的妻子，我暂时联系不上她，请你帮帮我。"

服务员接过了纸币，然后查看着电脑上的住客记录，随口问了一句："李莎和沈可可女士，哪位是你妻子？"

嘉南顿了顿。

"李莎。"他掩饰了自己复杂的心情以后回答。

"您夫人，以及沈可可女士，还有 Maxime 先生，都已经先后退房离开了。"服务员回答。

"先生？她们和一个男人一起？"嘉南不解地问。

"是的，住在一个房间。"服务员回答。

"你确定他们是住在一个房间？"嘉南又问。

"是的，非常确定。"服务员再次回答。

大部分男人允许自己花天酒地，可却绝不允许自己的女人多看别的男人一眼，嘉南握紧了自己的拳头，他感觉命运捆绑自己的那根绳子又收紧了一些。

"你知道他们去了哪里吗？"嘉南又问。

"沈可可女士离开的时候咨询了我们租车店的地址和联系方式，我给她推荐了火车站旁边的那家。"服务员回答。

嘉南想了想，拿出一张一百的欧元递给服务员，说：

"可以把那位叫 Maxime 的联系方式给我吗？"

服务员犹豫了一下，然后左右环顾了以后，接过欧元，在一张便利签上抄下了一个电话号码，递给了嘉南。

25

早晨八点左右,沈可可睁开眼睛,看到李莎已经洗好了澡,头发湿漉漉地站在窗边抽着烟,她坐起身,说:"早上好。"

李莎头也没有回地说了一声:"早。"

沈可可一边下床一边整理被子,说:"一大早就抽烟对身体不好。"

李莎没有说话,沈可可走到她身边本来打算再说一遍,但是看到窗外的景色,瞬间就被吸引住,完全忘了自己要说的话,因为昨天是晚上到所以没有看到,原来景色这么美。

房子是在半山腰,山下是一片向日葵花海,一望无际的黄色向日葵花海,朝着初升的太阳,带着露水的雾气还没有完全褪去,像一层薄纱半遮半掩地搭在整片橘黄色上。

沈可可由心底发出一声感叹:"太美了!"

这时敲门声响了,沈可可小跑去开门,是Tina来叫她们吃早饭了。

吃过早饭,Tina说婚礼下午五点才开始,一切都已经准备好了,反正自己今天也是不能和新郎待在一起的,可以陪她们一起在附近逛一逛,享受最后的单身时光,所以吃完早饭,三人就开着车出门了。

这次是Tina开车,李莎坐在副驾驶,沈可可坐在后座,她们开向法国和意大利的边境小城文蒂米利亚,Tina说这个小城市非常安静也非常美,开车只有一个小时不到的路程,她小时候经常自己去玩,但是出去工作了以后也就很久没有去了。

车子还照着来时的路开下山坡,开进那一片向日葵花海里,中

间是一条两车道的小路，两侧是比人还高的向日葵花海，感觉有点像是在爱丽丝的童话世界里穿行。

三个女人一路聊着就到了文蒂米利亚了，文蒂米利亚确实非常祥和宁静，小城市人口不多，游客也不多，她们三人逛了一会儿就去吃午饭，Tina坚持要请她们吃丰盛的午餐，因为她很感谢她们两人留下来参加她的婚礼，并且送给她非常珍贵的礼物。

吃完午餐以后，Tina又继续带着她们逛了一会儿周末的市集，她们在五花八门的各色摊位上兜兜转转，买了一些小礼品。

沈可可特别担心赶不上婚礼，一路上都在催她们两人早一点回去，但是Tina和李莎的性格有些相似，两人都不急不慢地逛着，特别是Tina根本不像是一个晚上就要结婚的人，一直到太阳微微西斜了，三人才开上那一辆蓝色的老爷车准备回程。

文蒂米利亚是座小城，城市里的道路非常狭窄，市中心很多都是两车道的鹅卵石老路，路两边还停满了车，Tina一个拐弯缓缓穿过这个城市的中心广场，然后拐进另外一条两车道的鹅卵石老路，但是没想到路边忽然窜出一只小猫，Tina迅速打方向盘转向，然后急刹车，车子横在了路中间。

三个人都是虚惊一场，还好平安无事。

后面的车在按着喇叭催促她们，Tina松了一口气重新启动车子，但是启动了好几次车子都打不着火，沈可可连忙说她来试试，她启动了好几次车子还是完全没有反应，正值小城市上下班时间，后面的车子停得越来越多，对面的车子也因为她们的车横在路中间无法通行，有些赶路的车主开始焦急地按喇叭，引起了一阵骚动。

沈可可满头大汗地不断尝试各种启动车子的办法，李莎也在旁边帮着忙，Tina却有些心不在焉地站在一旁。

沈可可和李莎两个人都慌了手脚。

李莎不断地看时间，大半个小时过去了车子依然没有反应，两侧的车流已经堵成了长龙，车上的人都下车来看她们三个是什么情况，也有其他车主过来帮她们启动车子的，但是都没有办法启动。

终于两头的车子堵成了过不去也退不出的地步。

太阳渐渐西沉，差不多一个小时过去了，两个警察才走过来。

两个微胖的警察走得满头大汗，并且说两边的车流都堵了将近两公里了，他们的警车也开不进来，不得不一路小跑过来，Tina 向警察说明了情况，两个警察开始指挥交通。

有会修车的男人帮她们打开了车子的前车厢盖，检查车子无法启动的原因，一股浓烟从车子的前车厢盖冒了出来，男人先用水降温，然后检查了一会儿，告诉她们说："这车子是发动机老化了，没办法在这里修，只能找拖车拖到修车厂去修理了。"

沈可可有些急了，连忙问那人说："还有没有别的办法？我们赶着去参加婚礼。"

那个男人说："你看看两边的车流，就算你们车修好了也一时半会儿没办法开出去。"

这时 Tina 的手机铃响了，她看着手机屏幕上 Liam 的照片却没有接电话。

沈可可语气焦急地对 Tina 说："你别着急，我们再想想办法，一定会让你赶上婚礼的。"

Tina 叹了一口气有些不安地说："我并不着急。"

沈可可不解地接着问："你不着急？"

Tina 沉默着没有回答，但是她的手机却又响了，还是 Liam 的电话，Tina 看着一直在响的手机，虽然还是没有接电话，但是眼泪却流了出来，沈可可赶紧找了面巾纸递给她。

李莎语气柔和带着关切地问："你不爱他？"

Tina 摇摇头说："我爱他，非常爱他。"

"你有别的男人？"李莎语气里不自觉地多了一分生硬。

"没有。"Tina 坦诚地回答。

李莎平缓了语气，又继续问："那为什么不想结婚？"

"我害怕结婚。"Tina 不断地流着眼泪说。

沈可可凑上来很小声地问："你不会是想逃婚吧？"

Tina 哽咽着回答："我想跟着你们一起走，去旅行。"

沈可可惊讶地说："那就是逃婚，我们两个还成了帮凶！"

Tina 没有说话，电话铃又响了，看 Tina 不知所措的样子，李莎拿过手机，走到一旁去接了电话。

李莎接完电话回来，Tina 带着询问的眼神看着她，李莎说："我告诉 Liam，我们这边堵车了，会尽快赶回去的。"

Tina 流着眼泪说："可我还不知道自己想不想回去。"

"你在害怕什么？"李莎问。

"我害怕爱情在结婚以后突然消失了，他就不再像现在那么爱我了，婚姻当中的琐碎问题会杀死我们的爱情，我很多朋友都受不了婚后生活选择离婚了，我怕婚姻也成了我自己的坟墓。"Tina 一边流泪一边回答着。

李莎不知道自己该说什么。这些恐惧她在婚前都经历过，而那些柴米油盐的现实她在婚后也经历过，她也非常明白结婚对一个女人来说意味着自己将不再是自己，而是某个人的妻子，某个人的母亲，某个人的儿媳妇，特别是在中国，婚姻对女人来说，很累。

婚姻中还有更让人不知所措的是对方的变心和背叛，如果让一个女人付出自己青春和人生的是爱情，同样葬送自己青春和人生的也一定会是爱情，付出所有的原因也将是失去所有的原因，付出越多，也终将失去越多。

连她自己也不知道该如何面对失去了爱情，失去了忠诚，失去了誓言的婚姻，她无法告诉对方不要怕，要勇敢，要坚强，如果有一天 Tina 也像她一样走到了今天这一步，那之前所有的勇敢和坚强有什么意义？

李莎还在犹豫着不知如何去开导，沈可可却非常果断地接过话。

"你这是在逃避！"沈可可说，"你知道你和 Liam 是多么让人羡慕吗？你们至少是在对的时间对的地点遇见了彼此！你知道这个世界上有多少相爱的人是在错误的时间或者错误的地点遇见对方吗？他们无法像你们这样毫无顾忌地相爱，毫无顾忌地相守，虽然我还没有经历过婚姻，但是我知道婚姻是需要两个人去共同经营的，有什么困难也是需要两个人共同去面对的，无论将来怎么样，你们在一起经历过的岁月都是美好的，谁管得了将来怎么样，我们连明天会怎么样都不知道，珍惜眼前，珍惜眼前爱你和你爱的人才是最重要的，我们现在要做的就是，尽快找到一辆可以载我们回去的车！他还在等你！你赶回去做一个幸福的新娘！一切还来得及！"

说着沈可可就开始从车上拿下她们的物品，走到警察那边说明了情况。

李莎看着正在和警察说话的沈可可，刚才她说的话李莎一直在听着，听完以后，看着沈可可这一瞬间，她脑子里忽然有一个念头，沈可可要只是一个普通的朋友该多好。

沈可可沟通完以后，兴奋地冲过来对她们说："警察答应用警车送我们回去，我们快点跟着他们走！"

说着三个女人拿起自己的包和物品，跟着警察小跑向两公里外的警车。

沈可可捂着自己的肚子小心翼翼地跟在最后面，时不时地放慢速度走几步。

三人上了警车坐在后排，Tina 向警察说明了地址，警车开始飞奔着上路，往向日葵农场驶去。

警车迎着最后一抹夕阳，开过了向日葵花田，开上了半山腰。

远远地看见Tina的家人已经守在门口了，除了Liam不在以外，双方的父母都守在门口，因为Liam在婚礼之前不能见Tina，所以家人安排他不要出来等，但是Tina知道此刻他一定在某个她看不见的角落，正注视着自己。

警车停下来，Tina下车奔向了自己的亲人们，相拥之后大概说明了情况，Tina的父母一起过来感谢送他们回来的警察，并邀请他们共同留下来参加婚礼。

警察以公务在身为由谢绝了他们的邀请，Tina的亲人赶忙准备了一份婚礼的点心和一瓶酒送给了警察，警察开车离开了，Tina被带去上妆和换婚纱。

李莎和沈可可被Tina的亲人们带去参加婚礼的第一个流程，双方亲属谈判，原来犹太民族的婚礼，在举行婚礼仪式之前有一项流程是双方亲属以及新郎要坐在一起，谈判关于新郎新娘双方婚后的生活和财产，以及如果背叛将要承担的责任。

谈判现场的场面非常热烈，也很轻松，笑声不断。

新郎和家长及亲人们坐在长桌的一侧，新娘的家长和亲人们坐在另外一侧，周围还有一圈其他亲属围着，李莎和沈可可就站在人群里，有一位擅长英语的女孩是Tina的朋友，一直站在她们的身边为她们把法语翻译成英语。

沈可可凑在李莎的耳边说："这真的很像是商务谈判。"

李莎笑笑没有回答。

那位小姑娘凑在她们耳边继续翻译说："Tina和Liam的父母双方会把商定好的条款都写在那张非常精致的纸上，这是我们犹太人的婚书，这一纸婚约，是Tina和Liam需要遵守一生的约定，不但是对他们彼此，更是他们对家人、对上帝的约定，是一生中最神圣的一个契约，是一个终身的契约。"

双方父母谈到最后一项,如果婚姻中的任何一方背叛婚姻需要承担的违约责任。

新郎的父亲说:"如果 Liam 敢出轨,就让他净身出户,光着身子离开家,连件衣服都别给他。"

现场的亲属们笑成一片。

Liam 很认真地对现场所有的亲朋好友说:"我会一生守护 Tina 和我们的家,绝不背叛她,如果我违背了今天的誓约,我不但会净身出户,而且我愿意一辈子赡养她和孩子。"

新娘的母亲故意逗他说:"看来 Liam 已经做好违背誓约的准备了。"

全场又是一阵笑声。

Liam 没有笑,而是非常认真地说:"我不会违背誓言的,除非我死了。"

新娘的母亲马上打断了他的话,说:"好孩子,我们相信你,你们两个都要永远平安,永远幸福。"

李莎听到这里想起了十年前自己的婚礼,婚礼上陈先生也一样说着永恒的誓言,当着所有亲朋好友的面,站在台上对她说着:"至死不渝。"

至死不渝?

才过去短短的十年,誓言就灭了,而且是灭了两次。

现在她不得不接受,原来那个可以说出至死不渝这样誓言的人,也是可以轻易毁灭这个誓言的人。

一起毁了的还有她的心。

想到这里李莎红了眼眶,她转身挤出人群,只身去了外面院子里的婚礼现场,现场还没有其他人,只有她一个人走在白色鲜花铺成的地毯上,她走到一排一排白色座椅的中间,独自坐在空无一人的白色座椅上。

每张椅子上都系着白丝带，丝带随着风轻轻拂动。

李莎想起陈先生牵着她走过红毯的那一瞬间，他们紧紧地牵着手，深情地望着彼此，一步一步地走向舞台。

他们一步一步地才走了十年，这十年的一步一步竟然会走到了现在，现在只有她自己一个人坐在别人的婚礼现场，满脸眼泪。

沈可可看着双方定下了誓约的条款，听着旁边女孩翻译给她的关于背叛与誓言的讨论，她感到窘迫得无地自容，觉得胸口闷得喘不过气来，她一直不敢去看身边的李莎，等她鼓起勇气的时候，转身发现李莎已经不在身边了，她也转身从人群中挤出来去找李莎。

沈可可走到院子里，远远看见李莎一个人坐在婚礼现场的一片白色里，李莎深红色的衣裙在这片纯白色里特别醒目，甚至有些刺眼。

沈可可停住了脚步。

她不知道自己该不该走过去，这时候自己走过去对李莎来说应该会更痛苦。

她远远地站在墙角，看着李莎轻轻颤抖着的背影。

她觉得自己心里的那块巨石越来越沉重了，她知道这一切都是自己需要去背负的，她真的无数次、无数次想象过面对这一切的痛苦，可是远远不及眼前，面对这一切的这种真实痛感，让她感到自己无法再亲眼看着那个女人因为自己而痛苦，她靠在墙上，躲进了角落里，眼泪也忍不住地流了下来。

过了一会儿，有人来婚礼现场开始调试音响设备，李莎赶忙起身低着头离开，沈可可远远地跟了上去，李莎走回了自己的房间，沈可可也跟着回到了房间，两人谁也没有说话，各自洗漱，化妆，换衣服，准备参加婚礼。

26

婚礼仪式开始前，Liam 和 Tina 在所有人的注视下，在那张象征着一生誓言的婚约上签了字，两人脸上充满了幸福，Tina 已经看不出今天下午的忐忑和犹豫了，她应该已经迈过了心里的那道坎，坚定地进入人生的另一个阶段了。

李莎和沈可可换了衣服，安静地站在人群里，谁也没有对谁说话。

签完婚约后开始了正式的婚礼流程，婚礼现场只有李莎和沈可可两个华人，其他的男人都戴着犹太族的小帽子，精心打扮的女人们头上戴着鲜花，现场显得很庄重。

宾客们纷纷坐进了白色的椅子上，李莎坐在了后排，沈可可跟过去坐在了她旁边，那个为她们翻译的小姑娘又走过来坐在她们的身旁，应该是 Tina 嘱咐过她要照顾李莎和沈可可两个人。

还有些没有座位的男男女女就围站在座位的两侧，女人们都在右侧，男人们则坐在左侧。

音乐声响起。

几个小男孩小女孩拿着花篮走了出来，像小天使一样边走边撒花瓣，可爱的小朋友们引来了一阵欢呼声。

紧接着在一阵更大的欢呼声中，新娘挽着自己的父亲出场了，他们缓缓地走过来，走上鲜花铺的地毯，两侧的亲朋好友也不断向他们抛撒鲜花。

走过李莎和沈可可的时候，Tina 停下来拥抱了她们两个人，眼睛里充满了对她感激，应该是感激她们在自己犹豫的时候往前推了她一把，把她推向了幸福。

父亲挽着新娘走到了华盖前,把新娘交给了新郎,自己坐在华盖下留好的位置上,翻译的女孩告诉她们:"犹太族婚礼的华盖有非常特别的寓意,寓意着与上帝同在,也寓意着天地同证。"

犹太族的拉比用一种听不懂的语言唱着祷词,这种悠扬的旋律已经传扬了近两千年,非常的空灵祥和。

现场鸦雀无声,只有拉比的声音回旋在上空,李莎和沈可可听着这悠扬而又沧桑的声音,各自想着自己的心事。

李莎的思绪飞回到了十年前,自己的婚礼,父亲把自己的手交到了陈先生手里,陈先生略带潮湿的手接过她的手,紧紧地握着,直到婚礼结束都没有再放开过。

沈可可看了看身旁的李莎,她知道李莎在想什么,李莎那种哀戚的表情,像是一把钝刀割在自己心上,一种没完没了的痛,但是她什么也做不了,只能是承受。

拉比唱完了祷词,开始宣读婚约,从头到尾的婚约里有双方的权利,双方的义务,双方的权益保障,以及如果任何一方背叛违约要承受的惩罚,逐条逐字由拉比沧桑的声音读出来,回荡在婚礼的上空,向所有亲朋好友们宣誓着,他们的婚姻是一个终身契约。

终身。

李莎神色凝重地听着婚约,她在拼命控制自己的情绪,也拼命忍住自己的眼泪,在婚礼现场她没办法戴墨镜来掩饰自己的眼泪,所以她不能让自己的情绪流露出来,她不能在沈可可面前落泪,把自己软弱的一面暴露在她的面前,她不想承认自己的失败,不想让眼泪出卖自己,暴露出自己已经输了这个事实。

拉比读完婚约,Tina 和 Liam 两人开始交换戒指。

李莎想起她和陈先生交换戒指的那一幕,陈先生把戒指缓缓地套在她的无名指上。

她低头看着自己手上,那个戒指还戴在无名指上,眼泪滴了下来,她再也无法控制,眼泪像是冲破了心理的堤坝,像洪水一样宣泄而出,李莎举起手,紧紧地咬住自己的手背,压抑着不让自己哭出声音。

沈可可无措地看着李莎强忍着哭的扭曲表情,和不断流出的眼泪,这是她第一次当面看到李莎流眼泪,第一次直面她自己给别人造成的痛苦,她不知道自己该怎么做,内心的煎熬让她也情不自禁地跟着流出眼泪来,婚礼还在继续,两个人却控制着自己不发出声音,沉默地流着眼泪。

27

"她身材不错，胸特别美……"还没等 Maxime 说完，陈嘉南愤怒地起身，一拳重重地打在 Maxime 的脸上。

Maxime 被突如其来的一拳打得从自己的座位上摔倒在地。

陈嘉南还想要冲上去打第二拳，被酒吧里的其他人拉住了。

Maxime 摸了摸自己嘴角流出的血，满脸愤怒地瞪着陈嘉南说："你这个疯子！我没有动你的老婆，我动的是另外一个女人！跟你什么关系？"

处于暴怒中的陈嘉南，用力挣脱了人群，冲上去抓住 Maxime 又给了他一拳，Maxime 来不及反抗硬生生地又受了陈嘉南一拳。

陈嘉南还想打第三拳，却被 Maxime 抓住了手。

Maxime 也被惹怒了，他对着陈嘉南怒吼："你和你老婆都是疯子！是你老婆花钱让我睡那个女人，你又他妈的打我！"

陈嘉南的手停在了半空，Maxime 趁机对着陈嘉南也挥了一拳，陈嘉南被打倒在地，被打醒的陈嘉南立刻从地上爬起又冲了过去，他双手抓住 Maxime 的衣领问：

"你说什么？！"

"我说你和你老婆都是疯子！"Maxime 对着陈嘉南怒吼。

陈嘉南把脸逼近 Maxime，脸上的表情因愤怒而扭曲，阴森得有几分恐怖，他逼视着 Maxime 恶狠狠地问："你说李莎花钱让你睡沈可可？"

Maxime 被陈嘉南阴狠的表情震慑到了，他咽了咽口水，对陈嘉南说："你先放开我。"

陈嘉南放开了他，用力把他揪回到座位上，人群渐渐散了。

Maxime 喝了口酒说:"我没有成功,最后关头是李莎自己又阻止了我。"

陈嘉南拿出一叠钱扔在桌子上,对 Maxime 说:"尽快找到她们两个人,找到以后给你另外一半费用。"

Maxime 拿起钱用指头划了划,享受地听着纸币互相拍击的声音。

陈嘉南阴沉的脸再次逼近他,恶狠狠地说:"你要是再敢动她们任何人一根汗毛,我就杀了你。"

Maxime 拿起钱就出去了。

他走到离酒吧很远的小巷里以后,拿出手机拨了一个电话给李莎,李莎接起电话以后,他得意地说:"你老公今天联系我见面,我把你让我做的好事全告诉他了,他给了我五千欧元,让我找到你和那个女人,你准备出多少让他找不到你?"

李莎沉默了一会儿问:"我怎么相信你?"

Maxime 冷笑了一声说:"你应该相信钱。而且我女朋友在你手里。"

"一天以后告诉陈嘉南,我在文蒂米利亚,并且随时向我汇报他的行踪,你明天会收到一万欧元,等整个事情结束以后你会收到另外一万欧。"

"好吧,还有,结束以后你必须告诉我,你把我的小心肝 Hebbe 藏在哪里了,否则你就等着你的老公找到你,打死你吧。"

说完 Maxime 开心地挂了电话,吹着口哨消失在了小巷尽头。

站在阳台上的李莎挂了电话,看了看房间里躺在床上已经睡着的沈可可,她再次点燃了一根烟。

一阵晚风吹过来,烟雾轻悠悠地消散开来,就像命运,如梦如幻,如烟雾,亦如泡影,你以为自己抓住了,可是在你抓住的那一瞬间就已经幻灭了。

他原来也以为只是欲望，
快速地开始、
快速地结束就好了，
没想到自己动了心，
动了心以后
一切就失控了。

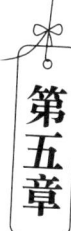
第五章

28

婚礼结束后第二天早晨,李莎和沈可可两人告别了 Tina 和 Liam,警察处理好交通堵塞以后,已经让拖车公司把她们的车送到了修车厂,Tina 派了辆车送李莎和沈可可两个人到修车厂去。

李莎和沈可可两人都坐在后排,一人坐在左侧头朝向车窗玻璃外,一个人坐在右侧头朝向车窗玻璃外,车子在山野中穿行,两个人都没有说话。

到了修车厂两人拿着行李去取了车,继续开车上路,一路无言,继续朝着托斯卡纳的方向行进。

时而是早熟的金黄色田野,田野上点缀着几个收割完的稻草卷。

时而是齐整的绿色葡萄园,整排葡萄藤随风像波浪似的起伏摇摆。

时而又是成排的柏树林成荫,沿着路两侧延伸向遥远的地平线。

偶尔也会有一段碧蓝色的海岸线,虽然路边两侧的风景很美,但是两人之间还是没有说话,只是各自看着风景一路前行。

中午时分到了沃尔泰拉小镇。

两人把车停在了一家小餐馆前,进去一人点了一份意大利面,无声无息地把午饭吃完,沈可可付了款,两人走出餐馆。

李莎并没有走向停车的地方,而是往小镇的热闹街道走去,沈可可跟了上去,她们在小镇里走走停停地看着建筑和风景。

远远地听见有音乐声,等到走近,看到一群穿着意大利传统服饰的游行队伍,吹奏着乐器打着鼓走过,然后是几位手里提着薰香的神父，神父后面是八个人抬着一个镶金的棺材，棺材里躺着一个像是金子打造的盛装男性，围观的游客站成两排，不断有人按着快门在拍照，游行队伍浩浩荡荡地走过，有几位意犹未尽的游客尾随而去。

人群完全走过以后，李莎朝着反方向走去，沈可可跟了上去，四周渐渐安静下来，她们走到了一个偏僻的小广场，广场上站着大概十几个人，他们全身用涂料水粉刷成了白色，静静地立在广场上一动不动，每个人的脚下有被打碎的白色陶瓷碎片，大大小小的白色碎成了一地。

李莎走到了竖着的解说牌旁边，查看上面的文字说明，原来这是一个意大利著名行为艺术家的人体静态雕塑作品，作品的名字叫作《破碎的瞬间》。

沈可可也走过去看着牌子上的解说，艺术家用这个作品表达着难以修复的裂痕，难以挽回的过去，难以忘怀的瞬间。

解说牌上还附了一首公元前罗马诗人、哲学家卢克莱修的诗：

没有一件事物常在，一切都在流动变化之中
碎片连着碎片，万物由此生长
直到我们认识并为之命名。他们
渐渐消散，不再是我们所知的样子

原子汇聚成星球，或慢或快地下降
我看见众星辰，看见其体系
自外形中呈现，甚至连这些星系及众星辰
都将逐渐重回到永恒的流动状态

你啊，地球——你的王国、大陆、海洋——

在所有星系的星球里，它算最小的
一样在流动中形成，也将一样在流动中
消散。每时每刻，你便以此种方式，不断消散

世事无常。海洋在缥缈的雾霭中
远去，那些月亮般的细沙抛却了它们的栖息地
这些地方将由别的海洋相继
舞动着银色的镰刀割出另一片海湾。

  看完解说以后李莎在广场上的一个石凳上坐下，她观察每个静止的雕像脸上的表情，尽管涂了厚厚的一层白粉，但是还是可以看出他们表情的不同，有的是惊恐，有的是沉默，有的是悲伤，有的是期望，看来对人生，每个人都有不同的感受，如果自己的时空在此刻静止下来了，永远地静止下来了，那么自己会是以一种什么样的表情成为永恒呢？
  沈可可也在不远处坐下来。

  两个人都安静地坐在这个广场上，看着人来人往，看着不同的人对这组人体雕塑的不同反应，两人好像是超脱在时空之外了，但是又立刻深陷回了现实里，李莎的手机铃声响了，她接了起来，一个稚嫩的女童声音响起。
  "妈妈，我是莹莹，我好想你，你什么时候回来接我？"李莎女儿陈莹的声音在手机里响起，她的声音一下子就把李莎拽回到了现实。
  "莹莹乖，乖乖听外婆外公的话。"李莎对着电话里说。
  "妈妈，你什么时候来接我，我想回家，我想你，也想爸爸，我想让你和爸爸每天都陪着我。"五岁的陈莹非常乖巧地在电话里

说着自己的愿望。

听到女儿的声音,听到女儿说自己想爸爸,听到她稚嫩的声音说着希望父母可以每天相伴,所有现实中的问题和痛苦都彻头彻尾地回到了眼前,李莎用手捂住电话深呼吸来平复自己的情绪,她尽量掩饰着自己哽咽的声音,对女儿说:"莹莹乖,哥哥在你旁边吗?"

"哥哥在,哥哥也很想妈妈,我让哥哥接电话好吗?"陈莹有着一般孩子没有的乖巧,她拿着电话叫着自己的哥哥过来,一阵小跑的脚步声后,一个男孩的声音在手机里响起。

"喂。"陈宣接过电话说。

"陈宣,妹妹还小,妈妈不在,你要好好照顾妹妹,听外公外婆的话。"李莎在电话里叮嘱着九岁的儿子。

"你什么时候回来?"陈宣带着点叛逆的语气问。

李莎又捂着电话强忍着情绪,深呼吸了一口,说:"陈宣,过完下一个生日你就十岁了,是一个男子汉了,无论妈妈在还是不在……就算妈妈以后不在了,你也要像男子汉一样坚强,保护好妹妹,好吗?"

"我和妹妹可以回家住吗?"陈宣继续问。

"妈妈不在,家里没人,外公外婆可以照顾你们。"李莎回答着儿子。

"妈妈……"陈宣叫完李莎,却没有说话。

李莎尽量用平缓的语气对他说:"你想说什么就说吧。"

"爸爸不回家了吗?"陈宣鼓起勇气问。

李莎没有回答,她不知道怎么回答这个问题,她不忍心伤害自己还未满十岁的儿子,陈莹在电话那边听到了哥哥问了母亲这个问题以后,就忍不住开始哭了起来。

李莎听见了女儿的哭声,她更加无法控制自己的情绪了,她用最后一丝意志对儿子说:

"陈宣,妈妈现在要去忙了,记住妈妈的话,妈妈要挂电话了。"

说完不等儿子回答,她就挂了电话,把手机扔在一旁,她自己平躺在广场的长石凳上,眼泪顺着脸颊就流了下来。

沈可可在不远处,隐隐约约听到了她和孩子们的对话,她再次感到无法呼吸,再次被心里的那块巨大的石头压抑得无法呼吸,她轻轻地摸了摸自己的肚子,眼泪也流了出来,感觉全身无力的她也瘫倒一样地躺在了长石凳上。

两人望着头顶上的云彩不断地飘过,广场上人来人往,时间一分一秒地过去。

29

太阳渐渐西斜,远处传来了教堂的钟声。

李莎站起身走出了小广场,沈可可一路跟着她。

欧洲的夏天,天黑得特别晚,太阳渐渐下山,黄昏日暮的时候已经是晚上七八点了,两人在小镇上走了一会儿,李莎又走进了一家小餐厅,沈可可跟着走了进去。

李莎点了牛排,并点了一瓶红酒,沈可可还是点了意面。

李莎没有和沈可可说任何话,等服务员拿着一瓶酒过来开了瓶,在高脚玻璃杯里倒了一小杯,让李莎尝了尝以后,就把整瓶酒放在了桌子旁边的酒桶里。

牛排还没上来,李莎就开始一杯接着一杯喝酒,她仍旧没有和沈可可说任何话,只是自顾自地喝着酒。

沈可可想要劝她少喝一点,用手一把抓住了李莎将要拿起倒酒的酒瓶,李莎用锐利的眼神瞪着她说:"放开。"

沈可可犹豫着要不要放开,她小心翼翼地说:"你喝慢一点,等菜上来,先垫一垫肚子,再继续喝。"

李莎笑了笑说:"不要假惺惺了,我要是醉死在这里,不是对你、对他都更好吗?你心里不就是这么希望的吗?"

沈可可没有放开酒瓶,却一把夺了过来,另一只手拿过酒杯,给自己倒了一杯酒,端起来喝了一大口,然后说:

"你以为只有你自己在痛苦在难过吗?你以为我想让事情变成这样吗?是,是我错了,我承认我是错了,你们就没有错吗?你们的婚姻就不存在问题吗?你失去了爱觉得很痛苦,我背负着罪恶去爱也很痛苦。事情已经发生了,我们这次出来,不就是要一起解决问题吗？你喝酒有什么用？喝了酒一切就能回到过去吗？"

李莎又是笑了笑，说："那你说问题怎么解决？"

沈可可不知道怎么回答，她沉默了，李莎继续端起酒杯喝酒。

服务员把她们点的菜端了上来，李莎碰也没有碰只顾闷头喝酒。

外面的天色渐渐阴沉下来，天气非常闷，感觉快要下雨了。

沈可可看着李莎一杯接着一杯喝酒，她知道今晚应该是没办法继续往前走了，她想借李莎的手机先订一个住的地方，免得像之前那样流落街头，而且这次李莎还喝了酒，更不适合深夜在外面游荡，她深深地吸了一口气，又深深地叹了一口气，然后对李莎说："你把手机借我用一下，我订一个酒店，不然太晚了我们又会没有地方住。"

李莎已经有了些许醉意，她托着自己的下巴问："你为什么这么喜欢借别人的东西？借？借了你还吗？"

借着醉意的李莎加大音量说："我不喜欢和别人共用一个东西！更不喜欢和别人共享一个男人！你借了我的男人，你还吗？"

旁边几桌的人纷纷看向她们两个，沈可可觉得特别无地自容，脸上红得发烫，虽然李莎说的是中文，饭店里其他几桌人听不懂，但是她带着醉意的音量还是影响到其他人了，她压低声音靠近李莎说："你小声一点，不要影响别人。"

李莎不管不顾地继续说："你害怕影响别人，那你对我的影响你怎么就不害怕？你影响到我了，影响到我的家庭、我的孩子、我的人生、我的幸福！我的男人你还不还？你说你到底是还，还是不还？"

沈可可还是压低声音对她说："你现在醉了，等你清醒的时候我们好好聊一聊。"

李莎开始流出眼泪来，哭喊着说："清醒？我什么都没有了还怎么清醒？！我不想清醒！这个世界上有这么多优秀的男人，你为什么要来抢我的？！你为什么要出现在我的人生里？！像一颗炸弹一样！不！像一颗原子弹一样！一瞬间毁了我的一切！我的家庭被你毁了！我的幸福被你毁了！！我的人生也被你毁了！！！"

"即使不是我，也会有别人来抢走你的男人！"沈可可终于喊出了这句压抑在心底很久的话。

听到了这句话的李莎，直接站起来打了沈可可一巴掌。

她说不出一个字来反驳，她满是眼泪的眼睛死死地盯着沈可可，眼睛里充满了悲哀和恨意！她无力反驳，也不知道该用什么话来反驳。

沈可可捂着被打的半侧脸，眼睛里也都是委屈的泪水，她没想到李莎会动手打她，虽然她也知道自己刚才的那句话非常过分，但是她心里的痛苦，也已经压抑到了难以控制的极点。

饭店里所有人的视线都盯着她们两人，服务员走过来想要调和矛盾，李莎转过身撞开了服务员，摇摇晃晃地跑出了这个饭店，沈可可反应过来迅速买了单，一路小跑着跟了上来。

她不远不近地跟着李莎，李莎摇摇晃晃地走在昏黄的路灯下，空空的街道上已经没有行人，只有她和李莎两人不远不近地走着。

气压低得让人喘不过气来。

天空终于开始下雨，倾盆大雨瓢泼而至。

沈可可赶忙用双手顶在头上挡雨，然后就近快速跑到了一个屋檐下，但是她看到还走在街道上的李莎，完全没有要躲雨的意思，大雨把李莎整个人都浇透了，她还是不管不顾摇摇晃晃地往前走着。

沈可可也不管不顾地冲进瓢泼大雨里。

她冲到李莎的身边，拽住李莎，大声地对李莎喊着："我们先找个地方躲雨，你这样会感冒的！"

李莎甩开了她的手，还是打算继续往前走。

追上去的沈可可更加用力地拽住她，两个人在大雨中拉拉扯扯，谁也不想让谁，每个人都倔强地坚持着自己的方向。

拉拉扯扯中李莎跌倒在地，沈可可赶忙过来扶她，李莎却一把推开她，沈可可也滑倒坐在了地上，两个人坐在大雨瓢泼的街道上，沈可可的眼泪不停地流出来，她已经分不清自己脸上是雨水还是泪水，她更加分不清李莎脸上是雨水还是泪水。

沈可可哭喊着对李莎说："你以为我幸福吗？两年七百多天，他和我在一起的时间加起来不到三十天！这两年里每一个节日他都是陪着你过的！我和他不敢一起出去吃饭、一起出去散步、一起出去看电影，见个面都要偷偷摸摸在酒店！他生病痛苦，我没有资格守在身边！他成功喜悦，我没有机会为他庆功！同样是爱情，我的闺蜜每天都在朋友圈秀她和男朋友的恩爱，而我却不能对别人提一个字，在这段爱情里无论如何痛苦、如何煎熬，我既不能告诉朋友，更不能告诉家人，只有烂在肚子里，每天带着负罪感活着，我也很苦，我也很累！"

李莎流着眼泪在雨里一阵大笑，然后也是哭喊着说："那我该怎么做？我还应该同情你吗？你是贼！你偷了我的人生！我还要帮你销赃吗？！你做了贼还在喊做贼的辛苦，你凭什么？！你凭什么这么理直气壮地对我喊出你的痛苦！你知道他有老婆有孩子！你爱谁不好你非爱他？！路是你自己选的！错是你自己犯的！罪恶也要你自己承担！你活该！"

沈可可只是哭，却答不上话来。

雨还在往下倒，一阵沉默以后，李莎流着眼泪低着头说："我也是活该！像傻子一样相信他，相信他这辈子只爱我一个人，像傻子一样没日没夜地忙工作！像傻子一样为他生儿育女！为他赡养老人！像傻子一样这一辈子只爱了他这一个男人！我就是个傻子！"

沈可可流着眼泪痛苦地说："你那么优秀，他都会爱上别人，我那么平凡，他会爱我多久……"

瓢泼大雨下的街道空荡荡的，只有这两个女人坐在大雨下哭泣。

做一个妻子再优秀男人一样会出轨，做一个情人再深情男人还是会变心，那么婚姻的意义到底是什么？爱情的意义又到底是什么？

30

　　陈嘉南开着车在大雨中飞驰，雨刮器不断地刷着车子前窗玻璃。

　　听完 Maxime 的话，他感觉自己的心快要被愤怒填充得爆炸了，但是却不知道自己应该生谁的气，是气自己，还是气李莎，或者是应该对命运之神感到愤怒。

　　他看到了导航上显示文蒂米利亚附近的那个修车厂，还有一公里左右，他打开微信通讯录拨向李莎。

　　拨打了一次没人接。

　　再拨第二次的时候，还是没人接。

　　他踩下油门加快了车速冲向修车厂。

　　他飞速地冲进修车厂，然后下车，在大雨中冲进管理办公室。

　　过了一会儿，他又在大雨中快速冲了出来，回到车里，全身都被大雨淋得湿透了，他气急败坏地拿起手机给 Maxime 打了电话。

　　接通了电话以后，他阴沉地对着电话里说："你不要耍什么花样，她们早上就开车离开这个停车场了！"

　　"她们一直在移动，我也没办法，早上一收到消息我就告诉你了。"Maxime 装着委屈地说。

　　"继续找，再给你一天时间，明天晚上之前如果我还见不到她们，你就别想要剩下的那五千欧了！"

　　说完陈嘉南气愤地挂了电话。

　　他无力地靠在汽车驾驶座上，过了一会儿，抬头看到了修车厂广告牌上意大利的旅游宣传广告贴画，他忽然想起李莎在年初的时候对他说过，今年是他们结婚十周年，她想要和他一起带着两个孩子重新走一遍当年结婚蜜月走过的路,让孩子们知道他们父母的爱情之路上的风景有多美。

也想起李莎说过自己一直想去托斯卡纳看看。

想到这里,一滴眼泪从陈嘉南的眼角滑出,他惊讶地擦掉自己眼角的这滴眼泪,已经很久很久没有流过眼泪了,他竟然已经快记不起悲伤是什么样的感觉了。

这十年来,他在商场上犹如刀尖嗜血一般摸爬滚打,自己的性情早就被世俗和利益给磨平熬干了,生意和家庭上的压力已经让他麻木到忽略了个人的悲喜,直到沈可可出现,他原本也以为自己只是欲望,快速地开始、快速地结束就好了,反正用钱可以控制一切,也可以解决一切,一切都会在他自己多年苦心经营赚回的巨大利益驱动下运行,没想到自己动了心。

动了心以后一切就失控了。

他痛恨命运这样的安排。

把导航地图的目的地设置成托斯卡纳以后,他重新启动车,驶入了大雨里。

31

一夜的大雨已经停了,水珠还滴滴答答地挂在窗沿上。

李莎睁开眼睛,视线渐渐开始清晰,她看见一片陌生的天花板,自己躺在一张陌生却舒适的床上,她坐起身来,感到头剧烈地疼,这是昨天喝了太多酒又淋了大雨的缘故,她吸了吸鼻子,摸了摸额头,自己可以明显感觉到高于日常的热度,应该是发烧了,身体也虚软得没有任何力气。

她感到嗓子干渴,就拖着沉重的身体下了床,发现房间里除了她自己没有别人,她环顾四周。

这是一间民居,装饰风格非常简约却很温馨,有一个房间,一个客厅和一个小餐厅,餐桌上还摆着一些餐具,她走过去,看到碗碟旁边留了一张纸条,她拿起纸条看了看上面写的字:

你生病发烧了,我去药房给你买药,锅里给你煮了白粥,你起来就自己盛出来喝。

——可可

李莎放下纸条,先去洗手间洗漱,洗漱完出来去厨房倒了杯水喝,看到了放在煤气灶上的锅,锅旁边放着碗筷,碗筷旁边放了一碟榨菜和一个切开的咸鸭蛋,锅里散发着淡淡的粥香味。

闻到这个香味李莎感觉到了一阵饥饿感,从昨晚开始就没吃东西,喝的酒也全都吐出来了,她打开锅,看到了一锅散发着清香的白粥,这让她在这异国他乡感到了一种极大的亲切感,特别是在生病虚弱的时候,她把粥盛了出来,端着那碟榨菜去餐桌上吃。

边吃她边想,这意大利人的厨房不会有米,也不会有筷子、榨菜，还有咸鸭蛋，为了这碗粥沈可可应该没少奔波，这样想来从昨天晚上开始，沈可可一个人完成了从订房，到把醉酒的她从马路上拖回这里，清理她的呕吐物，为她洗澡换衣，半夜守着高烧的她用毛巾为她退烧，早上又跑了中国超市买材料，回来做了粥，然后又跑出去买药……

想到这里，李莎看了看自己碗里的粥，心里还是有一丝动容的。

如果没有这些恩怨，沈可可也是一个好女孩。

如果沈可可爱上的是一个没有家室的正常男人，她应该也会拥有一个幸福的家庭，做一个贤妻良母。

可是再正常的男人结了婚也会渐渐失去激情，男人都有追求刺激和征服女人的特性，那么就算和别的男人结了婚，几年或者十几年以后，沈可可会不会也是另外一个自己？

就算是沈可可和嘉南结婚在一起了，随着时间的流逝，随着激情的消散，陈嘉南他就不会再爱上别的女人了吗？

他当初也是真正掏心掏肺地爱着自己，和自己许下的也是生死契阔的约定，更何况自己还是他的初恋，这样的婚姻也才维系了十年，那么就算他此刻是死心塌地地爱着沈可可，这份爱又能维系多久？

他和沈可可的日子能过多久？

吃完了粥，李莎看了看时间已经中午了，沈可可还没有回来，烧还没有退，她感到了极大的倦意就躺回了床里，迷迷糊糊地再次入睡了。

沈可可去了药房，买好了感冒药，顺便约了一个快速门诊，她坐在等位的长椅上，有点忐忑地摸着自己的肚子。

她在心里对自己说了无数遍一定会没事的。

医生叫到她的号码了，她走进了医务室，医生让她平躺在病床上，做了 B 超以后，又用听筒仔细地听了她的肚子，然后问了一些问题，沈可可都一一回答了，医生最后很温和地对她说："你肚子里的孩子很健康，一切正常，只是你要注意休息，不要过于劳累。"

沈可可含着眼泪对医生说了好多遍"谢谢"。

走出药房站在门口的时候，看着眼前经历过昨夜暴风骤雨的清澈天空，有一个念头划过沈可可的脑海，也许她可以放弃嘉南，但是绝不会放弃肚子里的这个生命。

正在这时，沈可可看到一辆黑色越野车从眼前驶过，开车的人也从眼前一闪而过，那人的侧影长得非常像嘉南，这样想着沈可可用力地摇了摇头，她苦笑了一下，在心里嘲讽了一下自己，因为过于想念，出现了幻觉，看谁都像嘉南。

那时候的沈可可怎么也不会想到，刚才从她眼前一闪而过的那个人就是陈嘉南。

沈可可回到民宿的时候，李莎还在睡觉，她伸手过去悄无声息地探了探李莎的额头，感觉已经没有那么烫了，但还是有些发热，她去倒了一杯水，然后拿出感冒药，才把李莎唤醒。

李莎蒙蒙眬眬地醒来。

"你先把这个药吃了再睡。"沈可可温和地说。

李莎坐起来顺从地接过了药，就着水吃下，说了声："谢谢。"

沈可可说："你要是还想睡就继续睡吧，晚上我会叫你起来吃晚饭，我们在这里多留一天，等你感冒完全好了再走。"

李莎答应一声"嗯"，就躺下继续睡觉了。

李莎睡下了以后，沈可可去吃了剩下的粥，洗干净了餐具，然后在沙发上躺下，也疲惫地睡着了。

32

沈可可被蒙上了眼睛。

她的一只手被绑在床沿上。

嘉南正在把她的另外一只手绑到另外一侧床沿上。

沈可可有点紧张,呼吸有些急促,嘉南开始缓缓地解开她的扣子,脱去她的上衣。

一颗冰冷的冰块滑过沈可可的乳尖,沿着的她的身体缓缓下滑,她很难形容自己此刻的感受,身体里是火,身体外是冰,这一冷一热刺激着她全身的感官,让她感觉到自己身体上的每一个细胞都苏醒了,每一个细胞都在渴望着被抚摸,嘉南的唇覆盖了上来,轻轻吸吮着冰块留下的水迹。

沈可可嘴里轻轻地呢喃着:"嘉南,我爱你,我想要你。"

她皮肤表面的冰冷被嘉南火热的身体覆盖住。

在眼罩的黑暗里,沈可可感受着每一下律动,她感受到一种扭曲却幸福的矛盾。

嘉南的律动越来越快,他用双手掐住了沈可可的脖子。

沈可可感觉到呼吸越来越困难,可是她被绑缚的双手却无法动弹,嘉南的手不断地收紧,律动也越来越快。

她想挣扎却不能动弹,而呼吸越来越困难,沈可可感到了窒息,窒息的痛苦和律动的快感相互交织,一种想得却不可得,想躲也躲不掉的矛盾深深地纠缠着她,从身体纠缠到了灵魂里。

沈可可感觉胸腔已经有了肿胀的疼痛,她感到越来越窒息,心脏的跳动也越来越慢,仿佛是已经到了死亡的边缘,已经闻到了死亡的气息,已经感受到了地狱的寂静……

沈可可从梦中惊醒，她瞬间从沙发上弹起，不断地咳嗽，仿佛刚才被掐住喉咙并不是在梦里，而是在现实中，她转身看了看四周，像睡前一样平静，甚至比睡前更平静,平静得让人隐约感到一丝不安。

她从沙发上站起来走到李莎睡着的房间。

房间门是开着的，沈可可记得自己刚才明明带上了门。

她看到李莎脸朝内侧睡着，安静得没有一丝声响，安静得好像没有了呼吸声。

沈可可轻手轻脚地走到李莎身旁，忐忑不安地再次伸手过去摸了摸李莎的额头，是温热的，她轻轻地松了一口气，还好梦里的死亡气息在现实中并不存在。

她又轻手轻脚地走到门边，准备轻轻地带上门，却看到了一只掉落在门边的拖鞋，她并没有多想，而是拿起拖鞋放到了床边，和另外一只拖鞋放在一起，摆整齐，然后走出去带上了门。

李莎朝向内侧的脸，缓缓地睁开眼睛，她的眼睛里满是眼泪，她回想着刚才在沙发边沈可可睡梦里的表情，和睡梦里的呢喃，她回想着自己无法控制地想用双手去扼住她的喉咙，她颤抖的双手靠近了沈可可修长白皙的脖颈，可是在即将触到她皮肤的那一瞬间她收回了双手，她退却了，她放弃了，她逃回了床上。

沈可可开始准备晚餐，她用从中国超市买回来的食材做了两个清淡的菜，煲了粥，等饭菜熟了，她才去叫李莎起床。

李莎洗漱好以后，两个人面对面坐着，开始吃饭。

"你们在性上和谐吗？"李莎看似不经意地问。

沈可可差点被嘴里的一口粥呛到，她理顺了气息却不知道怎么回答。

李莎看出了她的犹豫，又补了一句："实话实说。"

"和谐。"沈可可小声地回答。

"一周几次？"李莎继续问。

"我们并没有每周都见面。"沈可可回答。

"每次一见面就做爱吗？"李莎问。

沈可可又犹豫地沉默了一下，然后轻声"嗯"了一下。

"在床上，是他伺候你多一点，还是你伺候他多一点？"李莎控制着自己的情绪，尽量保持平静地一边夹菜一边问。

"他比较喜欢刺激，我会迁就他。"沈可可回答。

"刺激？比如呢？"李莎问。

"我以前完全不知道SM，他喜欢，我就接受了。"沈可可回答。

"SM？"李莎情不自禁惊讶地反问。

"你不知道？"沈可可更是惊讶地反问。

李莎沉默了，她从来不知道她的丈夫在性上有这种独特的嗜好。

她和陈先生从来都是像正常夫妻一样做爱，尽管结婚以后次数减少了，但做爱时两人都全情投入。

陈先生对她一直温柔以待，从没有提过特别的要求，也从没让她觉得他在外面还有别人。

她目前为止只有过陈先生这唯一的男人，她一直以为那就是激情，那就是爱。

她从来没想过她的丈夫在和另外一个女人做爱的时候会是什么样子。

她也从来没想过从什么时候开始，自己竟然无法满足丈夫了。

她更是从来没想过自己的丈夫，从另外一个女人身上得到的性满足竟然会是完全不同的，甚至可能比起在自己身上得到的性满足更加愉悦，那样的他对她来说是完全陌生的，好像是另一个人。

"我不知道，他从来没对我提过任何不体面的要求。"李莎强装镇定地回答。

沈可可听到这句话脸色瞬间变得苍白，头埋得更深了。

嘉南对自己的是爱吗？

她这样问自己，他会不会是在自己身上寻求在妻子那里得不到的满足？他因为爱自己的妻子，所以用自己的克制小心翼翼地去维系妻子的体面，而在自己这里，他寻求更多的是缺失欲望的补偿，是这样吗？她的手紧紧地攥着筷子，因为太用力关节处被紧绷得苍白。

李莎看到了沈可可瞬间苍白的脸，她夹了一块番茄炒蛋里的鸡蛋放在沈可可的碗里，说："吃饭吧。"

沈可可硬是挤出了一个笑容，说了声："谢谢。"

两人吃完饭，沈可可收了碗，洗干净收好碗筷，她倒了一杯水，然后拿着感冒药走到李莎的房间，把药和水递给李莎，她看着李莎就着水吃了药，然后回到沙发边收拾自己的行李，她坐在沙发边垂头丧气地叠着洗好的衣服。

李莎从小房间里走出来，走到沈可可旁边，拿出一个手机放在茶几上，推给沈可可，沈可可看着那个手机有些诧异，她一把拿过手机，按着开机键，手机还有余电，随着开机的音乐声音响起，屏幕上她和嘉南的合影显现出来。

沈可可惊讶地问："这个是我的手机？在机场被你扔掉的那个？你又帮我找回来了？"

沈可可脑海里闪现当时在机场里，李莎和机场工作人员交谈的场景，自己并没有留意，以为手机真的是被李莎扔进了违禁物品自弃桶里。

沈可可惊喜地问："当时你就问工作人员拿回来了？"

李莎平静地回答："是的。"

沈可可又疑惑地问："那为什么现在才给我？"

李莎没有回答，站起来说："明天我们早点出发。"

说完她就回小房间关上了门熄灯睡觉了，沈可可也关了灯在沙发上躺下。

一片黑暗中,沈可可握着手中的手机。

她翻看着嘉南发给她的一条又一条的微信,看完最后一条,她翻到上面又看了一遍,然后点开嘉南的朋友圈看了看他最近的动态,只有简单的两条更新,一条是工作内容,一条是转发新闻链接,他并没有发任何关于她的内容或者想念她的动态,没有她嘉南也依然正常地工作着,正常地生活着。

这样想来自己好像从来就没有在嘉南的朋友圈里出现过。

从来没有。

沈可可在对话框里打出四个字:我很想你。但是却犹豫着没有按下发送键,她迟疑了一会儿,然后删掉了这四个字,退出微信,手机锁屏放在茶几上,然后拽过毯子躺下盖好。

过了一会儿她又睁开眼睛看了看茶几上的手机。

叹了一口气她翻过身子,背对着手机,渐渐地睡着了。

李莎早上起来,看到沈可可已经做好了早餐。

沈可可一边把早餐端出来,一边对李莎说:"快点刷牙洗脸,早饭好了。"

李莎洗漱好,两人吃完了早餐,沈可可收拾洗完盘碗,又倒了一杯水,拿着感冒药,走到李莎旁边递给她,李莎说:"谢谢你,我已经好了。"

沈可可说:"再吃一粒药吧,免得复发,路上看病也不太方便。"

李莎接过药和水,就着水把药吃了。

两人拿着行李出门,沈可可把钥匙放回门口的钥匙密码盒内,民宿的入住和退房流程比较简易,来的时候从密码盒拿钥匙,走的时候再放回去就好了。

沈可可开着车,两人继续上路了。

一种想得却不可得，
想躲也躲不掉的矛盾
深深地纠缠着她，
从身体纠缠到灵魂。

第六章

33

意大利托斯卡纳的风景和法国南部的田园风光,还是略有区别的,如果说法国南部是花团锦簇的春天,那么意大利托斯卡纳更像是深邃悠远的秋天,乡村公路两边随处可见残留的古堡,有一股透着时间痕迹的人文气息,这应该是来自文艺复兴的浸透。

李莎看着公路两边不断经过的半颓古堡,说:

"也不知道这些坍塌的古堡主人都去了哪里?再过个几十年或者几百年这些残留的石堆应该也会消失,就像从来没有存在过一样。"

沈可可在一旁接过话说:"再过几十年几百年,我们都不知道自己在哪里了。"

"你相信人有灵魂吗?"李莎问。

"我不知道,无论有还是没有,人这一生都很短暂,我希望是有灵魂的,不然就这样匆匆来世上一趟,又匆匆地消失在世界里,受尽了千辛万苦的意义是什么?"沈可可说完看了看旁边路过的古堡,接着说:

"我们找一个保存比较好的古堡停下来,去探一探险吧。"

李莎想了想,说:"好的。"

于是沈可可就一边开车,一边开始仔细搜寻一处比较有意思的断壁残垣,好去一探究竟。

车子开过一片田野以后,远远地看见一个古堡隐没在一片树林里,沈可可说:

"就去那里吧。"

沈可可把车拐进了橄榄树林里的小路上,在树林的浓荫里开了一会儿,随后古堡就呈现在眼前了。

两人下了车,朝着古堡走去。

这座城堡已经被废弃了,主体坍塌了一半,只看得出是四层建筑的骨架还保留着一个塔楼,但还是可以感受到这座城堡原来的辉煌,只是随着时间的侵蚀,它已经不复昨日了。

古堡前的平地上长满了荒草,两人小心翼翼地扒开荒草,朝城堡靠近,走在前面的沈可可忽然停下来回头,有点忐忑地问李莎:

"草那么长,会不会有蛇?"

李莎回答:"说要来看的是你,现在怕蛇的也是你,到底要不要继续?"

沈可可笑着说:"当然继续,我就是问一问。"

李莎从旁边捡了一根小木棍递给沈可可,说:"打草惊蛇。"

沈可可接过木棍,一边打着草一边往前走,李莎在后面跟着她。

两人走进了古堡,其实这古堡已经称不上房子了,墙体有一面没一面的,有的甚至塌陷了半面,在仅剩的一半墙面上还长出了青藤、苔藓和野草,但还是可以感到一种断壁颓垣特有的美感,是时间赋予沧桑的一种魅力。

两个人走走看看,发现通往露台的楼梯还残留在墙壁上,两人顺着残缺不全的台阶小心翼翼地走上楼梯,沈可可一边踏上台阶还一边用脚试探着下一节台阶的稳固,不断地有碎石掉落下去,扑通一声摔在底楼的乱石堆里。

终于走上了古堡二楼的露台,这个露台四周的围墙已经破损了,但是底部还基本完好,直接可以从露台的扶梯走到三楼的天台,两个人顺阶而上,到了天台以后视野开阔起来。

站在这座摇摇欲坠的残旧古堡上,看着天空上的行云流过,感觉前无古人,后无来者,两个人仿佛暂停在了这个时光的夹缝里。

这个顶楼天台的空地上还有石桌和石凳,以及一座已经坍塌了大半的紫藤花架,还顽强活着的紫藤花依然绽放着,任凭自己依附的石头花架坍塌,也不管时间是否流逝,依然藤蔓延伸着,毫无顾忌地绽放着,花香扑鼻,看来以前的主人非常懂得享受时光。

沈可可开心地对李莎说:

"我们午饭在这里野餐吧,你在这里等我,我去车里拿吃的和水。"

说着沈可可就下楼去拿食物了。

李莎自己站在房顶上,她走到了边缘的石块边,往下看了看下面横倒斜卧的乱石和颓壁残垣,她用脚踢下去一块石头,看着石头瞬间掉落,重重地砸在荒草里,没有了身影,她想象着如果是人的身体落下去,也应该会是这样粉身碎骨在那一堆荒草乱石里,这样想着她又往前挪了一小步,一只脚向外伸出去,在那一瞬间她感觉到一种天旋地转的头晕。

正在这时,她的手机响了。

她赶忙收回了自己伸出去的那只脚,然后双脚发软地扶着墙根,顺着墙边的一块大石头滑坐在地上,深深叹了一口气。

她有放弃一切的念头,却还没有放弃一切的勇气。

看着远处的风景渐渐恢复平静,然后她接起了电话。

"陈嘉南的车是我给他找的,我在他的车里装了跟踪器,他应该已经到你们附近了。"Maxime 在电话里说。

"把他的实时路线发给我。"李莎说。

"另一半款什么时候打?"Maxime 又问。

"事还没完,等一切结束了,款自然会打到你的账户。"李莎异常冷静地回答完以后,挂了电话。

沈可可拿着吃的和喝的走上来,还顺便在路边采了一把野水仙花,车里也没有什么食物,其实无非就是几个面包和饼干,还有苹果,但她还是特别有仪式感地翻出了自己一条围巾作为餐布铺在石桌上,摆上食物以后,还用矿泉水瓶插上野花摆在旁边。

李莎看着沈可可做这些事,竟然觉得她和十年前的自己有几分相似,对生活抱有希望和热情,简单地爱着这个世界。

李莎在她对面坐下来,她把洗好的苹果递给李莎,说:

"虽然没有什么吃的,但是秀色可餐。"

"挺好的,我也不太饿。"李莎接过了苹果,一边开始吃,一边解下自己的围巾平铺在地上,然后躺了下去。

沈可可也拿了一个苹果咬了一口,然后平躺在另外一侧。

两人头对着头躺在天台的中央,看着天空上的云来云往。

过了一会儿,天空中由远及近地响起了一阵马达声,是一个滑翔伞缓缓滑过了上空。

李莎站起来跟着滑翔伞走到了古堡的背面,她看着滑翔伞渐渐飞远,想着应该是会落在一个看不见的远处。

沈可可也站起来走到了李莎身边,李莎对她说:

"我们去找找那个滑翔伞降落的地方吧,我想试一试滑翔的感觉。"

沈可可看了看已经飘远的滑翔伞说:

"看着应该不远,我们去找找看吧。"

"你看,你看,那里有一对天鹅!"沈可可兴奋地对李莎喊着,李莎朝沈可可指的方向看去。

原来这个废弃古堡的背面有一个很小的人工湖,湖边已经长满了荒草,不仔细看还发现不了这个被荒草覆盖的小湖。

湖面中央有一对白色的天鹅,悠悠地荡在水面上,感觉很惬意,沈可可对李莎说:"我们去给天鹅喂一点面包吧。"

说着沈可可就开始收拾东西，她留了一个面包在外面，就和李莎两人下了楼，用棍子敲打着荒草，走到了那个小湖边。

两只天鹅很恩爱，深情地相互依偎着，梳理彼此的羽毛。

沈可可打开面包，掰了一小块，轻轻地抛向两只天鹅，一只身形娇小一些的应该是母天鹅，这只母天鹅试探性地朝着漂浮在水面的面包啄了啄，好像是品尝到了面包的美味，然后把嘴里剩下的一半叼给了公天鹅吃，公天鹅从它嘴里叼过食物吃完，亲昵地蹭着母天鹅的脖颈表示感谢。

两个人有些动容地看着那对天鹅之间的深情。

"天鹅是终身一夫一妻制的，一只如果死了，另外一只基本也不会独活。"李莎话里带话地这样说着。

沈可可没有回答，只是又掰了一块面包朝天鹅扔去。

"人真的还不如动物忠贞，特别是男人。"李莎继续说着，"如果我死了，你和嘉南应该会立刻结婚吧？"

沈可可更不知道怎么回答了，她只是看着天鹅没有答话。

"如果嘉南死了，你会为他守寡多久？"李莎继续问沈可可。

沈可可看了看天鹅，然后回答："我不知道。"

"一辈子？"李莎问。

"可能会，如果没有再遇到更爱的人。"沈可可很认真地回答。

李莎笑了，这个笑容很苦涩，笑完以后，她继续说：

"如果你死了，你觉得嘉南会多久以后找下一个女人？"

这个问题像是一拳激烈的重击迅猛地击打在沈可可的脑海里，她觉得还来不及反应，自己的脑子已经被击打得一片空白，她早已隐约地感觉到了这个问题的答案很可怕，她不敢正视这个问题，她把手里的最后一块面包扔给了天鹅，然后便转身走了。

李莎转身看了看沈可可渐渐走远的身影，然后回过头看着相互依偎的天鹅，带着悲哀的语气幽幽地说："超不过一百天。"

34

李莎和沈可可两人开着车跟着天上的滑翔伞来到一个山坡上。

正是夕阳时分,粉金色的光线中一个接着一个滑翔伞从空中滑落在坡道上。

两人把车停在路边,然后翻过一个小山坡走到一片平坦的草地。一群男人正在收拾刚落下的滑翔伞,有几个是先前降落的,正在帮刚刚降落的这个人一起收拾物品。

李莎和沈可可走上去寒暄,他们是十几个德国人,几个人当中玩滑翔伞时间最长的 Jim 已经有将近十年了,是资深的滑翔伞爱好者,李莎非常有兴趣地和 Jim 攀谈着关于滑翔伞的飞翔经验,她好奇地请教 Jim 一些自己想知道的问题,Jim 认真热心地解答。

沈可可对滑翔不太感兴趣,她逛到了不远处的山坡上看夕阳,她看着太阳渐渐落下,算着出来旅行的天数,这已经是出来的第十天了。

这十天感觉特别漫长,和嘉南相识的这两年感觉像是一瞬,而这十天却像一辈子。

她这样想着,便开始想念起嘉南。

尽管内心开始对嘉南有了感情的质疑,但还是依然会想他。

沈可可转过头,远远地看着 Jim 和李莎两人在夕阳中,站在滑翔伞旁边有说有笑地聊着关于滑翔的话题,她在心里想着也许李莎在这一刻脸上的笑容是没有烦恼的,是真正属于李莎自己的笑,她感觉到有一丝丝的解脱,在这一丝解脱的缝隙中她可以想念嘉南,在这一丝缝隙中她觉得夕阳虽然看上去哀伤却很美好。

"第一次在空中飞是什么感觉？有没有对死亡的恐惧？"李莎这样问Jim。

Jim回答："我第一次飞其实很害怕，真的是吓到快尿裤子了，当双脚离开了地面，开始在空中飘的时候，会感觉到失重，好像自己的身体是没有重量的，瞬间意识到在这片广阔的天空上自己的渺小和无力，感觉自己什么都不是，什么都没有，只有被耳边呼呼作响的风牵着鼻子走。"

李莎被他的幽默逗笑了，接着问："那后来呢，这么可怕的事情为什么坚持了十年？"

Jim想了想以后说："滑翔就像是用自己的身体和心灵跟风进行对话，带着对自然和天地的敬畏，迎着风飞到天上，那时候没有自己，是把自己献给了风神，是一次身体、灵魂和风的共舞，把自己融进风里，让风带着你俯瞰整个世界，这种感觉很美好，让你沉醉，然后就再也欲罢不能了。"

李莎很欣赏Jim的这一段话，她接着又问："风太虚无缥缈了，看不到摸不着更不能拥有，为了和风共舞坚持了十年，你觉得有意义吗？"

Jim笑着说："我飞行并不是为了意义，虽然天空没有留下任何痕迹，但是我飞过，每一次飞行都有痕迹留在我心里。"

李莎想着自己坚守了十年的婚姻，是不是也和滑翔一样，如果不是为了意义，也不是为了结局，那么她和陈先生之间也拥有着无数的美好回忆。

李莎表达了自己很想尝试一下在空中滑翔的意愿，非常诚恳地说："我真的很想试一试在空中飞翔的感觉。"

Jim说："这个需要非常专业的系统培训，没两个月以上的基础培训是绝对不能实践的，非常危险。"

李莎回答："可是我没有这么多时间。"

Jim 又说:"那就找专业的人,用双人动力滑翔伞带着你一起飞,这样没有经验也可以体验。"

李莎又问:"这里你是最有经验也是最专业的,你愿意带我试一试吗?"

Jim 看着李莎想了想,说:"这里是着陆点,起飞点是另外一个地方,我们明天还会再飞,我可以带你试一试滑翔的感觉。"

李莎非常感激地说:"谢谢。"

然后她和 Jim 约好了明天滑翔的时间地点。

李莎和沈可可两人在离滑翔起飞点较近的地方找了民宿住下。

到了住的地方安排妥当以后,沈可可就独自去附近超市买食材。

李莎一个人站在窗户旁边抽烟,黄昏的光线勾勒出她侧面的轮廓,她吐出一口烟以后,拿起手机点开陈嘉南的实时路线在看,他离自己只有将近 20 公里,开车不到一个小时。

她又深深地抽了一口烟吐出去,然后把烟头掐灭在一个纸杯里。打开微信,找到陈嘉南以后,点开对话框,然后手停在对话框上犹豫了一会儿,下定了决心以后,发送了一个酒店的位置定位过去,并且打出一行字,发了过去:

一小时后这里见。

发完以后李莎穿上外套出了门。

李莎走进附近的一个小酒店,开好房间以后,独自先上楼进了房间。

她抽着烟站在落地窗边,看着酒店前面的停车场。

过了大半个小时,一辆车速非常快的黑色越野车横冲直撞开进了停车场,停在了离酒店门口最近的位置,陈嘉南急匆匆地从车里下来,走进了酒店。

一分钟以后,房间的门铃响了。

李莎掐了烟,走到门边犹豫了一会儿,直到门铃响了第二次,她打开门。

陈嘉南抬起头,两人视线相撞,时间仿佛停在这一瞬间,两人谁都不知道该做什么,谁也不知道该说什么,虽然面对面,但是两人之间相隔的是陌生的空气,李莎感到自己鼻子发酸,转身走回了落地窗边。

陈嘉南跟进来,关上门以后,环顾了四周,一目了然的房间里并没有看到其他人,所以他也走到了窗边。

他看了看正在点烟的李莎,也看了看烟灰缸里七八个烟头,说:

"你也开始抽烟了?"

李莎沉默着没有回答。

过了半根烟时间,陈嘉南又继续问:

"你还好吗?"

"你觉得我会好吗?"李莎看似平静地回答。

"她在哪儿?"陈嘉南问。

"谁?"李莎明知故问。

"沈可可。"陈嘉南直白地回答。

"目前还活着,很安全。"李莎故意带着点讽刺的语气说。

"你不要做傻事。"陈嘉南很认真地对李莎说。

李莎苦涩地笑了笑,然后抽了一口烟转向陈嘉南,靠近他的脸,把烟吐在了他的脸上,然后她把身体贴在陈嘉南的身上,隔着裤子用手摸着他的胯部,语气轻蔑地问:

"跟自己的老婆来酒店是不是特别没意思?"

李莎的这个动作成功地激起了陈嘉南的征服欲和愤怒,她是真的很了解他,说完她转身去掐灭烟,她刚把烟头放在烟灰缸里,还没来得及掐灭,陈嘉南就一把拽过了她,一只手把她禁锢在怀里,另一只手用力扳过她的脸，仿佛是在宣示自己作为丈夫的权威，他用力而又粗暴地抓住李莎的胸部。

李莎开始反抗，这是十年来，她第一次对陈嘉南的欲望需求进行反抗。

她用力地去咬陈嘉南禁锢着她的手，陈嘉南不但没有放开，反而动作更加粗暴，他把李莎推到窗边，按在落地玻璃上，开始撕扯她的衣服。

陈嘉南的双手略带粗暴地揉搓着她的乳房，惩罚似的用牙齿噬咬着她的脖颈。他最了解她的身体，甚至比她自己还了解。

她恨他，可是身体却在渴望他，而他爱她，可是身体却在背叛她。

她的灵魂在反抗，而身体却投降了。

她无可奈何地陷入身体欲望的旋涡里，急切地去脱嘉南的衣服。

陈嘉南感受到了她身体的变化，两人的动作都更加疯狂，仿佛是宣泄，又仿佛是释放，两人把自己所有的愤怒、委屈和不满都转化为了力量，疯狂地加之于对方的身体上，发了疯似的去碰撞，去撕扯，去拍打。

天色暗下来，两人消耗尽了力气。

李莎光着身体靠坐在窗边的角落里，陈嘉南也光着身体平躺在窗前的空地上。

陈嘉南点了根烟，然后说：

"我对你和孩子们的爱从来没有变过，以后也不会变。"

"只不过是多爱了一个别的女人是吗？"李莎看似平静地问。

"以后我会对你和孩子更好。"陈嘉南看似真诚地说。

"前提是我允许你睡别的女人？"说着李莎光着身子站起来，去找散落了一地的衣服。

"李莎……"陈嘉南还没说完接下来的话，就被李莎打断了。

"那我可以去睡别的男人吗?"

李莎问完这句话就开始快速地穿好衣服,走到门口,陈嘉南来不及追出来,就喊了一句:

"李莎,你不要这样……"

李莎在门口站了站,说出了那句千万次在脑子里徘徊过的话:

"我们离婚吧。"

然后拉开门走了出去,带上门的瞬间,她的眼泪汹涌而出。

Maxime 拿着手机站在陈嘉南的黑色越野车前面,他看着自己手机上显示的嘉南的实时路线图,脸上露出贪婪的微笑,他转头看到李莎从酒店门口走了出来,那个贪婪的微笑更加深了,他知道跟着陈嘉南就一定会找到李莎,他从陈嘉南和李莎身上嗅到了金钱的味道,这味道已经让他渐渐膨胀了贪念,扭曲了人性,把他一步一步引向魔鬼,他已经不满足于那几万欧元了,他下定决心要从他们身上捞到更大的利益,不择任何手段,哪怕要越过法律底线。

李莎回到了民宿,站在门口抽了一根烟,然后才开门走进去。

她走到厨房,看到沈可可在做各种各样精致的餐点,心里对她竟有了一丝愧疚,可陈嘉南目前明明还是自己的合法丈夫,自己和陈嘉南做爱是天经地义的,她为什么会对沈可可产生愧疚?李莎尽量掩饰住自己的内心,随便找了个话题问:

"你为什么做那么多吃的?"

沈可可一边忙乎,一边说:

"晚餐快好了,我顺便给那群德国人做一点吃的,明天带过去,毕竟是要把你的命交到那个 Jim 手里的。"

说完她看了一眼李莎,然后看似很自然地补了一句:

"我感觉那个 Jim 挺喜欢你的。"

李莎听到这句话后眼神里闪烁出锐利的光,转头看着沈可可,沈可可忙回避眼神低下头去继续做手中的活。

李莎冷笑着扯了扯嘴角,刚才产生的那一丝愧疚感就这样又瞬间消失了,她顺手从盘子里拿了块菠菜鸡肉卷放进嘴里咬了一口,然后凑近沈可可说:

"那你可要用心好好做,最好把Jim吃得春心荡漾六神无主,和我一起从天上掉下来,这样你就可以和嘉南幸福地生活在一起,我们的问题也解决了。"

说完以后,李莎停顿了一下,接着说:

"我去见陈嘉南了。"

听到这话沈可可手里的盘子咣当一声掉在了地上,盘里已经切好的番茄撒了一地,像极了一地鲜血飞溅的人肉模糊,她愣了一下,然后蹲到地上去收拾,看着鲜红的番茄汁,她感到了一股强烈的呕吐欲,她扔下盘子,冲到了洗手间,趴在马桶上呕吐,眼泪很不争气地又流了出来。

李莎远远地看了看洗手间里沈可可趴在马桶上的身影,她感到一股很强烈的烦闷感,却说不出原因,正想走过去问沈可可是不是吃坏了什么东西,这时她的手机铃声响了,她走到阳台上去接电话。

"李总,你现在方便说话吗?"张律师在电话里问。

"方便,你说吧。"李莎回答。

"陈先生他不同意离婚。"张律师说。

"你把离婚协议发过去了?"李莎问。

"是的,刚才一收到你的消息我就发过去了。"张律师回答。

"他是不同意离婚,还是不同意财产分配?"李莎接着问。

"不同意财产分配。"张律师很冷静地说。

李莎沉默了,这句话对她来说是有很大杀伤力的,她以为陈嘉南会干脆利落地净身出户,这是他欠她的,也是他爱过她的证明,十年的情感抵不过美色的诱惑,也终究抵不过金钱的欲望吗?如果什么都抵不过,那过去的十年对她来说算是什么?

"李总?你还在吗?"李莎长时间的沉默让张律师有些不安,他试探性地问了问。

"我会找到他出轨和转移财产的证据。"李莎黯然地说。

"从法律层面来说,法院不会判处出轨方净身出户,除非他自愿,我们只能以对方出轨和转移财产为由尽量争取更多的利益。"张律师冷静地回答。

"必须想办法让他净身出户,这是他欠我的!"李莎非常强势地说完就把电话挂了!

她紧紧握着手机,站在阳台上,眼泪再次止不住地流下来。

从厕所走出来的沈可可,远远地看着李莎站在阳台上的背影,她知道自己此刻不能靠近,那个背影在颤抖,她也听到了李莎说的那句"净身出户",她脸上的神色有些复杂,不由自主地摸着自己的肚子,她不知道该如何是好,有些秘密她必须死守,她什么也不能说,至少现在还不能对李莎说。

沈可可默默地转过身走回了厨房,继续完成没有做完的食物。

晚饭做好了以后,两人悄无声息地吃了晚饭,李莎只吃了几口就放下碗筷了,沈可可也觉得自己没什么胃口。

然后两人各自洗漱完又悄无声息地各自睡下。

夜深了,沈可可睡在沙发上,睁着眼睛。

李莎睡在房内的床上,也睁着眼睛。

天渐渐亮了,睡在沙发上的沈可可依然睁着眼睛。

睡着床上的李莎,也依然睁着眼睛。

35

两人在车上都沉默不语,只有导航的声音给她们指着路,仍然是沈可可开着车。

过了一半车程的时候,沈可可看了看一言不发的李莎,小心翼翼地问了一句:"你昨天没睡好,要不今天还是别飞了,等以后有机会的时候再尝试滑翔……"

李莎直接打断说:"以后没有机会了。"

说完这句话李莎闭上眼睛把头扭到了车窗那一侧,沈可可没有话可以接,也就继续沉默了。

她们开车来到和Jim约好的地点,是一座山的山顶。

两人下车,沈可可把吃的东西拿出来,到一片离滑翔伞不远的空地铺上桌布,把食物摆好。

李莎走过去跟正在准备滑翔伞和测试设备的Jim以及同伴们打了招呼。

沈可可把食物准备好以后,走过去邀请他们暂时休息一会儿吃点东西,Jim和同伴们跟着沈可可来到铺好的桌布旁,李莎也跟了过来,大家围坐在桌布四周,有说有笑地品尝沈可可准备的点心和食品。

Jim一边吃一边用英语对李莎说:

"起飞是滑翔非常有魅力的时刻,你要好好感受,起飞坡道的长度在10米左右。"

说着Jim拿起两个鸡翅膀开始比画,一边比画一边说:

"当你正对着风向,感受到风朝着你吹过来,然后开始在山坡上起跑,通常在3到5步之间风就会把你带离地面,大概是每秒6米的速度,这时在心里数着自己的步伐,一,二,三,呼!双脚腾空,徐徐上升,整个世界离你远去,四周渐渐安静下来,耳边只有风声,你飞了!像一只小鸟长出了翅膀一样!"

看Jim拿着鸡翅膀比画着小鸟飞起来的样子,大家全笑了。

李莎和沈可可听着Jim生动的描述,也开怀地笑了。

沈可可趁机对Jim说:"我们的李莎女士就拜托给Jim先生了,拜托你一定多多照顾,请务必保证她的安全。"

李莎听到这个话又瞪了沈可可一眼,沈可可装作没看见,拿了一个鸡肉卷递给Jim说:"请多吃一点。"

Jim的朋友听到沈可可的话,打趣地对沈可可说:"你放心吧,Jim一定会把李女士照顾好的,就只怕照顾得太好了,起飞了以后就舍不得降落了。"

Jim露出了羞怯的表情,带着点难为情地笑着,沈可可也装傻笑着,然后好像是顺着话题很自然地问Jim的朋友说:"Jim现在还单身吗?"

刚问完,李莎就趁别人没看见,用胳膊肘在沈可可的腰上轻撞了一下,沈可可表面忍着疼还强装满面笑容地等着Jim朋友的答案。

Jim的朋友笑着回答:"Jim可是黄金单身汉,事业成功又很有魅力。"

沈可可还想接着往下问Jim的职业和家庭状况之类的,但是被李莎狠狠地在大腿上掐了一下给制止了。

有一丝红晕悄无声息地爬到李莎的脸上,她马上把话题再次转移到了滑翔上。

这一群人吃完,又进入非常认真专业的状态,开始调试滑翔设备。

Jim帮着李莎开始穿戴设备,一边穿戴一边还不停地讲解着注意事项，还很细心地问了李莎最近的身体状况，测量了她的体温等等。

沈可可一边收拾着吃完剩下后的食物和垃圾，一边时不时地抬头看向不远处的Jim和李莎，远远地看他们真的很像是一对眷侣。

德国人做事的严谨和认真，完全可以在这次滑翔的准备工作上体现出来，他们非常认真地检测滑翔伞上的每一个配件，反复确认周边地形，而且不断监测当天的气象预报，Jim不断地查看一组组复杂的气象和飞行图表，分析和预测着在当下风向的气流状况，整个准备工作做了三四个小时，一个上午就在准备过程中过去了。

李莎在心里感叹着，原来一次滑翔竟然需要这么详细复杂的筹备，她和Jim一前一后地扣上滑翔伞扣，Jim站在后面，而李莎站在前面，看上去很像是李莎靠在Jim的怀里，李莎可以感受到Jim在身后的呼吸，想着要以这样近的距离和Jim单独相处一个多小时，李莎感觉自己的心跳有些加速。

终于一切就绪了，准备起飞。

可是就在起飞前一刻，Jim忽然停下了起飞动作，他解下滑翔伞上一个测试风向和风速的仪器，对李莎说："你先在原地等我一下。"

然后Jim召集来了其他滑翔的人，他们聚在一起开始激烈地讨论。

李莎站在滑翔伞旁，远远地看着他们，Jim举着风向仪一脸严肃，有人还纠结得不断挠头，大概讨论了有一刻钟的时间，Jim走回李莎的身边，开始帮李莎解开滑翔伞固定的扣子。

李莎问："怎么了？"

Jim回答："今天不能飞了。"

李莎惊讶地问:"为什么?"

Jim平静地回答:"风改变了方向。"

李莎还想说什么,但是又觉得无话可说。

尽管她相信Jim的专业判断,但是一切准备就绪,仅仅因为风改变了方向,就让一切都暂停了。就像人生一样,就像她的人生一样,命运的风向忽然改变了,爱情忽然变质了,婚姻忽然遭到了背叛,太忽然总是会让人恍惚而不知所措。

解下扣子以后李莎帮着Jim收拾滑翔伞的设备。

沈可可远远地看着正准备起飞的他们不但没有起飞,反而在收拾设备,小跑过来问:"怎么了?都准备好了,为什么不飞了?"

李莎回答她:"因为风改变了方向。"

沈可可接着问Jim:"就因为风改变了方向?"

Jim回答:"对,就是因为风改变了方向,没有人可以控制风,风的方向瞬息万变,说改变就改变了,我们只能取消飞行,否则会有危险。"

Jim一边说着一边走去收拾伞布。

沈可可和李莎远远地看着刚才还在兴致勃勃准备起飞的一群人,此刻却在收拾打包着滑翔设备。

沈可可感叹了一下说:"他们做了那么多准备,只因为风改变了方向就不能飞了,这也太遗憾了。"

李莎说:"我们不也是这样吗?谁爱谁,谁不爱谁,谁爱了谁十年,谁两年前还爱着谁,谁还会不会变,多久以后会变,谁也不知道,变得比风还快。"

沈可可听出了李莎话里的意思,嘉南可以爱她多久这个问题,

又一次钻进了她的脑海里，这个问题像是隐藏在阴影里的魔鬼，一直潜伏在阴影里等待着，等待着阳光稍微一弱下去就出来，捕捉住她的灵魂，一点一点吞噬着她的自信和坚定，此时此刻她只能选择逃避，尽量忽略自己心里这个渐渐扩大的阴影，她叹了口气，说：

"风的方向还会再变回来的，你可以等下次再飞。"

李莎幽幽地说："不等了，人生没有第二次机会，我也没有。"

说完她转身走了，朝着车子的方向走去。

沈可可看着李莎渐渐走远，她想了想然后朝着反方向的 Jim 走去，她跟 Jim 和同伴们纷纷道了别，然后和 Jim 又多聊了一会儿，细心地留下了 Jim 的联系方式，然后才离开。

36

又是夕阳下，李莎和沈可可两人开着车往南走。

夕阳下的意大利南部真的很美，没有了白天的燥热以后，傍晚凉风习习的，在夕阳的光线里，整个世界都是深深浅浅的金色，折射出明明暗暗的光芒。

路两边不断有葡萄庄园出现，一排一排整齐的葡萄树上挂着还青涩的绿葡萄。

沈可可看了看李莎，然后提议说："我已经找好了附近的一个葡萄酒庄园叫作 BELVEDERE，我们去尝尝葡萄酒，然后今晚就住在那个庄园里。"

李莎回答："好的。"

车子又在夕阳里行驶了二十几分钟，在天空中还剩下当天的最后一抹深蓝色的时候，拐进了路边一个葡萄庄园的入口，沿着两边整齐的葡萄树，行驶到一排房子前，房子周围种满了柠檬树，金黄色的柠檬大大小小地挂满了树枝，散发着扑鼻的清香。

两人下了车，拿着行李朝房子拱形的廊道口走去，走过了这道拱形的廊道，是一个非常精致的庭院，院子里种植着各种颜色的花草，几个角落里还摆放着石头雕像。

走过这个庭院就是一个宽敞的接待处，两个人办理好入住手续，然后跟着一个中年女服务员上了二楼。

四方形内嵌的石雕围廊，围着整个二楼，走廊一边是房间，另外一边是雕花的石头栏杆，栏杆隔几米就有一个雕花石柱，石柱之间的拱形廊檐上挂着米色的帷幔，站在任何一段栏杆边都可以看见一楼整个庭院的花草，布局非常有地中海风情。

沿着走廊走了半个四方形，两人到了房间，沈可可给了中年女服务员一欧元小费，李莎瞥了一眼沈可可给出的一欧元说：

"你怎么舍得住在这里，房费不便宜吧？"

"偶尔住一次好的，也不能每天都委屈你。"沈可可回答。

李莎听着这话笑了，说：

"我确实每天都因为你在受着天大的委屈，但还是，谢谢。"

说完她拿起自己的背包走进了浴室。

"这债怎么感觉还不完了？"沈可可站在原地自言自语地说。

沈可可拿出自己的手机坐在沙发上，充上电按下开机键，打开微信，嘉南的头像上显示有几十条信息，她逐一查看每一条信息每一个字，她想在字里行间找到自己想要的答案，在这字里行间找到哪怕一点点可以一生相守的安全感，满屏的信息里有思念，有关心，有等待，有没有她想要的长久？

其实她自己也不知道到底多久算长久，像李莎这样和他在一起十年算是长久吗？

最后一条信息的内容是：

你再等一等，离婚处理得不是非常顺利，在财产问题上目前我和她还没有达成一致，我是过错方，律师认为如果上法庭，大部分财产都会判给她，所以那个秘密账户你一定对谁也不能说，那是我们的未来。

沈可可回想起自己那天无意中听到李莎的那一句：净身出户。

她还往下滑着手机，期望再看到一些什么，可是这确实已经是最后一条信息了。

嘉南为什么不告诉自己他也到意大利来了？为什么不告诉自己他已经见过李莎了？他们见面只是为了商谈离婚的事情吗？

这样想着沈可可又把所有微信翻看了一遍，依然没有只字片语是关于他来欧洲的，他只字未提自己在哪里，他见过李莎。

沈可可可以清晰地感觉到，自己心里那片不安的阴影又开始扩散了。

她放下手机深深地叹了一口气，摸了摸自己的肚子，然后又拿起手机，打开微信，开始给嘉南编辑微信：你现在在哪儿？

刚打了这几个字，沈可可又把内容删掉了，她又放下手机想了想，然后再次拿起手机编辑微信：

"嘉南，我只要你，我希望我们的孩子出生之后可以在所有人面前喊你爸爸，我更希望可以向所有人介绍你是我老公，钱以后我们还可以一起再挣，你不要让我再等了，好不好？"

编辑好了内容她并没有立刻发出去，沈可可知道这条信息是自己在赌，赌嘉南他会选择钱财还是选择自己，赌嘉南对她的爱有多深，她是在赌自己的幸福，押上了整个人生。

她确实也想过那种金钱自由的舒适日子，她也想坐享其成，她也特别希望自己的孩子将来有好的生活和优秀的教育条件，她也有自己物质的一面，但是在真正爱上了嘉南的那一刻她就已经输了，比起那一切充满诱惑的物质，现在的她更想要嘉南。

她知道如果嘉南选择的是她，那么以后他一定会为了她努力奋斗，让她和孩子过上好日子，哪怕日子不那么富裕，哪怕是贫穷，哪怕每天为了柴米油盐节衣缩食，她都愿意，只要嘉南选择的是她。

但是如果嘉南选择的是财产，哪怕她再等下去，等到他争来了那让他们以后的人生衣食无忧的一大半财产，她知道自己迟早也会失去他，就像爱上自己一样，他以后一样会爱上别人，自己一定就是另一个李莎。

她的食指放在绿色的发送键上，迟迟没有按下去。

这时李莎打开浴室的门，洗完澡出来了，沈可可赶忙直接按下锁屏键，然后拿起手机和换洗衣服走向了浴室，路过李莎的时候她清晰地看到了，穿着睡衣的李莎脖颈上隐约露出的紫红色淤青，从脖颈一直延伸到胸口，很像吻痕。

心里的不安瞬间加剧了几倍，沈可可把换洗衣服放在大理石的台子上，然后把手机也放在上面，看了一眼手机，她决定还是先洗澡再鼓起勇气，去下那个自己人生目前为止最大的赌注。

洗完澡以后，沈可可站在浴室里，一边吹头发，一边看着放在衣服上的手机犹豫着，她觉得自己在害怕那个答案，她的第六感好像能隐隐地感觉到，嘉南的回复内容会是自己最无法面对的，她吹干头发穿好衣服拿着手机出了浴室，看到李莎躺在沙发上睡着了。

她轻手轻脚地从自己包里拿出两张面膜，轻手轻脚地走到李莎旁边，蹲下来撕开面膜，轻手轻脚地给李莎贴上，可能是昨晚一夜没有睡，李莎只是动了一下身体却没有醒。

她仔细地观察着李莎脖颈上的紫红色淤青，李莎和陈嘉南亲热的画面不由自主地挤进她的脑海。

她用力地甩甩头，然后给自己贴上了面膜，躺在另一侧沙发上，设好闹钟，闭上眼睛，可是过了一会儿又睁开。

沈可可睁着眼睛盯着天花板看了一个小时左右，闹钟响了，然后她叫醒了李莎。

她对睡眼惺忪的李莎说："我订好了8点的晚餐，我们去吃饭吧。"

李莎起床去洗脸，发现自己脸上贴着面膜，刚撕下面膜，沈可可就拿着那套深红色的旗袍走进来，对李莎说：

"这里的晚餐要求正式着装，我们都打扮一下，美美地去吃个晚餐吧，你行李都没有了，还好有这一套旗袍放在我这里。"

李莎看了一眼那套旗袍说：

"这套旗袍已经送给你了，你穿过，我不会再穿的。"

沈可可硬是把旗袍塞回到李莎手里说：

"这个世界上很多人的婚纱都是租借的，那都不知道多少人穿过，该幸福的幸福，该不幸的还是不幸，这些都是外在的形式而已，这身旗袍就算是送给我了，你再穿一次我也不介意，是我的终究是我的。"

李莎听到这句话愣了愣，她看着沈可可一脸真诚的表情，知道她没有在暗指什么，可是为什么她会刚好在现在这个时间说出这句话，是命运之神在嘲讽自己吗？

沈可可说完就把旗袍塞给了李莎，然后说：

"快点穿好出来，我们还要化个妆。"

沈可可先自己出去换了条裙子，然后简单地化了个淡妆，李莎换了旗袍出来，这身旗袍穿在她身上还是挺合身的，只不过稍许宽松了一些，看来这十年李莎消瘦了。

李莎看到镜子里的自己，有一种恍如隔世的错觉，好像推门出去陈嘉南就站在门口，等着牵起她的手，走向那些恭贺他们喜结良缘的亲朋好友……

沈可可一边赞叹着："太美了！"一边把李莎拽到化妆台前，拉着她坐下，对她说：

"今天让我来帮你化妆做头发，我上学的时候读的是营销专业，可是有上过专业的化妆课的，我一定会把你画得很美！给我个机会试试吧，好不好？"

李莎看着她期盼的眼神，只好点了点头。

沈可可拿起桌上的化妆品开始给李莎涂抹。

李莎瞥了一眼沈可可的那一套精致昂贵的化妆品套装，拿起其中一瓶隔离霜看了看，带着点自嘲地对沈可可说："这个化妆品套装我也有一套。"

沈可可正在涂粉底液的手僵了僵，然后也略带着点自嘲地说："你上次送给Tina的那条蓝宝石项链我也有一条。"

李莎冷笑了笑说:"那个定制款手表你也有一个?"

沈可可不答反问:"去年除夕那天你是不是也收到了一条裙子?"

李莎说着举起右手跷起无名指说:"不会连结婚戒指都一样吧?!"

沈可可低下头不好意思地说:"那倒没有,他还没有向我求婚。"

李莎又问:"你若生死相依,我必不离不弃。这句话也说过吧?"

沈可可叹了口气说:"说过,一字不差。"

李莎由衷地感叹了一句:"男人怎么完全不用脑子的,是不是傻?"

沈可可答了一句:"女人才傻,我们都傻,我比你更傻一点。"

37

BELVEDERE 葡萄酒庄前面，柠檬树的阴影笼罩着一辆黑色越野车，这辆车悄无声息地停在黑暗里却没有开灯。

陈嘉南坐在车里抽着烟，看地上散落的烟头数量，就知道他停在这里已经有一会儿了。李莎从酒店出来，他就一直跟着她，却没有勇气走近，下一步应该怎么样他还没有想好，目前他只能远远地看着，沈可可跟着李莎看似平静地一起旅行。

忽然他的手机铃声响了，嘉南快速接起了电话。

"嘉南，我这边最近听到消息，说你和李莎在闹离婚？公司现在面临上市，正是最关键的时刻，这个时候如果要牵涉财产分割，可不是你个人资产的问题了，后面的那些大佬，这些年投在你身上的就等着上市收割，你可别在这个节骨眼上出什么岔子！后果你担当不起！"电话里那个愤怒的声音，在安静的环境下显得特别有威慑力。

"你让大佬们放心，我个人问题我会处理好，不会影响公司上市，也不会让他们有任何损失。"嘉南谨慎地回答。

"尽快解决，上市前绝不能有任何负面消息。"那个声音说完就把电话挂了。

嘉南放下电话，揉了揉太阳穴，他有一种深深的无力感，吸了一口烟幽幽地吐出去，有时候他真的觉得自己是最孤独的，全世界只有自己一个人的那种孤独，感觉没有一个人是站在他这边的。

他叹了一口气，把手里抽完的烟头扔出了窗外，然后开着车离开了。

38

沈可可帮李莎把头发挽了起来，蓬松地坠下几缕挂在脸颊和脖颈的两侧，她再次瞥了一眼李莎的脖颈，像吻痕一样的那片红色淤青已经被旗袍的领子遮住了。

最后她拿起口红，帮李莎抹上，李莎的唇形不厚不薄，涂上绛红色的口红以后显得很有气质，又性感。

这是沈可可第一次这么近距离地看着李莎的脸，嘉南应该也这样看过李莎吧，这个念头钻进沈可可的脑海，她的手顿了顿，下唇稍微画出来了一点，她赶紧用手指擦掉，她的指腹触到了李莎的唇瓣，柔嫩的触感让她不由自主地去想，嘉南曾经是以怎样深情的姿态吻着这性感的红唇。

"好了。"沈可可用这句话阻止了自己往下想的念头。

李莎在镜子里看了看自己，恰到好处的妆容，让她看上去非常有东方女性那种温婉的优雅，她对沈可可说了句："谢谢。"

两人一起走去餐厅，服务员带着她们在预订好的位置坐下。

沈可可看了看周边男士看李莎的眼神，对李莎说："你今天惊艳全场了，现在你绝对是整个餐厅里最美的女人。"

李莎翻着菜单，看了看沈可可说："你也不错，也很美。"

沈可可看似调皮又带着几分真诚地说："你那么优秀，也那么美，跟你比我这么平凡，也这么普通，我真想不明白为什么嘉南会爱上我。"

李莎看了看沈可可，平静却又无奈地说："你比我会说话。"

这时 Jim 拿着一束深红色的玫瑰花远远地走过来，沈可可向他招手,他走到两人的旁边,对她们说:"两位女士,晚上好。"

李莎有点诧异:"Jim,你怎么会在这里?"

Jim 礼貌地回答说:"这是我的葡萄酒庄园,欢迎你们的到来。"

李莎狠狠地瞪了沈可可一眼。

沈可可连忙招呼说:"不知道有没有荣幸,能请名声在外的 BELVEDERE 葡萄酒庄园的庄主和我们一起共进晚餐呢?"

Jim 回答:"能和两位女士一起用餐是我的荣幸。"

说着他把玫瑰花递给了李莎说:"今晚你很美。"

李莎接过了玫瑰花,沈可可打趣道:"你很荣幸和两位女士用餐,为什么只送一位女士玫瑰花?"

Jim 红着脸笑了,说:"我请沈可可女士喝我们庄园最好的葡萄酒。"

说着他叫来了服务员,在他耳边说了几句意大利语,然后服务员就离开了。

沈可可对 Jim 说:"酒我是不喝的,你可以请我吃你们这儿最好吃的美食。"

Jim 笑着说:"没问题,如果你们不介意的话我来推荐食物。"

沈可可说:"那当然是最好了。"

Jim 为三个人点好了餐,刚才离开的那个服务员送来了一瓶红酒。

Jim 让服务员把红酒打开,服务员让两位女士尝酒,沈可可说自己不能喝酒,就让李莎尝,李莎端起酒杯尝了尝,觉得口感非常好,由衷地夸赞了一句:"非常好。"

服务员给 Jim 和李莎倒上了酒,沈可可要了一杯橙汁,三人举杯轻轻碰了碰。

食物端上来,果然是色香味俱全,虽然分量少但是摆盘非常讲究,每盘食物都有一圈紫色碎花加薄荷叶围着,既有田园的清新自然，又融合了简约的设计感。

Jim 简单地介绍了一下食物以后，三人就开始吃，一边吃一边聊着天。

沈可可问 Jim："你经营这个酒庄多少年了？"

Jim 回答："五年左右，我是从一个意大利人手中买下这个酒庄的，因为这附近的地形非常适合滑翔。"

沈可可顺着话往下问："五年来一直单身吗？"

李莎打断她说："你这样打探别人的隐私不太礼貌。"

Jim 笑着说："没关系，我是两年前离婚的，离婚以后就一直是一个人。"

沈可可又问："为什么离婚呢？"

Jim 回答："她在德国，我在这里，两地分居渐渐感情就淡了，两人都觉得不再爱对方，就离婚了。"

沈可可追问："没有别的原因？"

Jim 回答："没有。"

沈可可继续问："还会再结婚吗？"

李莎再次用中文打断沈可可说："吃你的东西，不要再问东问西了。"

Jim 没有听懂李莎的话，却笑着回答沈可可的问题："我很想再找一个爱的人结婚。李莎女士还想再结婚吗？"

李莎沉着脸回答："我还没有离婚。"

Jim 瞬间变了脸色，神色里有尴尬又有些难过。

沈可可接着李莎的话说："她很快会离婚的。"

李莎阴沉着脸气愤地站起身来，对 Jim 说了句："抱歉，我先走了。"

沈可可也对 Jim 说了一句："不好意思，你稍等，我们等会儿就回来。"然后就起身追着李莎出来。

沈可可一路追着李莎跑到了二楼的走廊上,她一把抓住李莎的手腕说:"你先不要生气,听我说……"

李莎打断沈可可的话,气愤的声音开始在空荡荡的走廊里回荡:

"我知道你现在恨不得我去勾引他,把他勾引到床上睡了他,然后赶紧和陈嘉南离婚,成全你们两个是吗?!抱歉!!我没有你这么贱!!我目前还是一个有夫之妇,我做不到像你这样没脸没皮地去勾引别人的男人!!去睡别人的男人!!"

沈可可也提高了音量打断李莎:

"我看得出来他是真心喜欢你的,你也是喜欢他的,无论你离不离婚——"

李莎直视着沈可可打断了她的话:

"我和陈嘉南又做爱了!"

两人瞬间安静下来。

沈可可眼泪瞬间汹涌而出,冲垮了她的理智。

啪!一声响起,沈可可打了李莎一个巴掌!!声音回响在走廊里,整个世界好像也都在这一瞬间安静下来。

在安静的走廊里沉默了十几秒以后,李莎捂着脸笑了笑,然后用力给了沈可可一个巴掌,声音很大地回响在走廊里,说:"这天下只有原配老婆打小三的,没有小三打原配的道理!"

说着扬起手准备再给沈可可一巴掌,可是沈可可这次有了准备,一把抓住了李莎要落下的手,李莎用另一只手去打,沈可可又抓住了另外一只手,大喊着问:"爱上一个人是我的错吗?!"

李莎也喊着回答:"爱上别人的男人就是你的错!!"

喊完不管不顾地冲向沈可可,两个人扭打在一起,她们先是抓乱了彼此的头发,还撕扯对方的衣服,扭打成一团在走廊里撞来撞去，打碎了摆在走廊里的花瓶，扯破了挂在廊檐上的帷幔，打闹声引起了服务员的注意，服务员在一楼的庭院里看到了楼上两个打架的女人，喊叫着："别打了！"

服务员快速跑上来劝架，可是不但没有拉开她们两人，反而被抓破了脸，无可奈何的服务员小跑着去报了警，并且把情况告诉了大堂经理，大堂经理又把情况描述给了还坐在餐厅里的Jim，Jim一听是两个中国女人，他赶忙站起身，小跑着过来。

Jim跑到中庭，从一楼的庭院向上张望了一下，李莎和沈可可两人还在继续厮打，他赶紧带着服务员冲上二楼，各个房间的房客听到响声纷纷出来围观。

Jim和服务员一边拽住一个，Jim拽住李莎，服务员拽住了沈可可，但是失去理智的李莎和沈可可还哭喊着冲向对方想要继续厮打，她们用中文骂着彼此。

李莎骂沈可可："你下贱！"

沈可可骂李莎："你恶毒！刻薄！"

李莎又骂回去："你不知廉耻！"

沈可可骂她："你蛇蝎心肠！"

虽然两个人已经被拽开了，但是她们还不断地拿起身边的东西砸向对方，不管是地上的雕塑，花瓶里的花，还是摆在走廊里的灭火器，沈可可拿起李莎扔过来的灭火器就打开按钮开始对着李莎的方向喷白色粉末，Jim赶紧用身体挡在了李莎的前面，为李莎挡下了大部分的白色粉末。

就在这时两位警察来了，冲上来想要制止她们两人，却被沈可可喷了一身的白色粉末，越来越愤怒的李莎挣扎着冲向放着消防逃生斧的柜子，她用雕塑砸开了柜子，拿出斧头准备冲向沈可可。

幸好Jim及时跑过来一把抱住了李莎，李莎还想要挣扎出来冲过去。

一片混乱中，警察看到李莎举着逃生斧，立刻拿出枪，对着中庭的上空鸣了一枪，现场才瞬间安静了下来。

警察用枪指着李莎，Jim抱住李莎挡住了警察的枪，不断地安抚着拍她的背，说着："冷静，我们冷静。"

李莎大口喘着气慢慢地放下斧头，沈可可也慢慢地放下了灭火器，终于两个人冷静下来。

Jim让服务员把警察带到了自己的办公室，又让另一个女服务员把沈可可送回了房间，为了防止两个人再次冲动，他让服务员开了对面的另外一个房间，自己把李莎送过去。

李莎一声不响地坐在沙发上不断地流眼泪，Jim去拿了热毛巾递给她，然后又检查了她脸上和手臂上的伤口，发现都是擦伤没有什么大问题，就打电话让服务员送药过来。

服务员送药来了以后，Jim接过药，又安排服务员送药去沈可可的房间，交代好了以后服务员离开了，Jim坐下来给李莎手臂上和脸上的伤都消了毒，上了药，贴上创可贴，一边处理伤口，一边还说：

"这些年玩滑翔，我也大小伤不断，所以处理伤口是专业的，你放心。"

李莎虽然没有答话，但是她的情绪已经慢慢地平复下来了，然后Jim接着说：

"对不起，都是我不好，我不该让沈可可女士带着你来我的庄园的，其实我很理解你的感受，离婚前的那种煎熬和痛苦我都非常理解，对不起，是我太心急了。"

李莎流着眼泪说："不关你的事，谢谢你，还有对不起，把你这里弄得乱七八糟。"

Jim笑着调侃说："我终于见识到了中国女人的厉害，以前有朋友告诉过我说中国女人温柔的时候像麋鹿，凶起来就是老虎，看来是真的。"

听到这句话,李莎笑了笑,苦涩地说:"真对不起。"

Jim拍了拍李莎的背说:"不要介意,我开玩笑的,刚才我这边的服务员报了警,警察还在办公室等我,我现在要去处理一下,你今晚就住在这个房间吧。"

李莎又问:"警察来了不会给你带来什么麻烦吧?"

Jim说:"放心吧,幸好你们没有造成任何人员伤亡,这点小事没什么麻烦。"

说完Jim走出房间,带上了门。

李莎站起身走到浴室,在镜子里看着狼狈不堪的自己,苦笑了一下,她这辈子还没和别人打过架,她从没想过自己有一天也会当众和老公的情人厮打,失去理智的自己真的是幼稚得可笑,她放下头发,打算卸妆,却发现没有卸妆的物品。

沈可可也站在自己那个房间的浴室里,对着镜子里狼狈不堪的自己,正在卸妆,她一边小心翼翼地用化妆棉擦着妆,一边龇牙咧嘴地忍着痛,其实她心里更痛,她耳边不断地回想着李莎的那句"我和嘉南又做爱了",想着想着眼泪又流了出来,此刻她深刻地意识到了,没有哪个女人不想完整拥有一个男人,自己也不例外,没有哪个男人不想拥有更多女人,而陈嘉南也不例外。

两位警察全身是白色粉末,每个人手里拿了两瓶红酒,看来Jim已经顺利地把事情解决了,Jim把他们送上了警车,他们离开了。

过了一会儿,李莎房间里的电话铃响了,她去接了电话,是Jim告诉她警察的事情已经处理好了,让她安心睡觉,并跟她说了晚安。

然后是沈可可房间的电话铃声响了,沈可可接了电话,也是Jim打来的,Jim问她的伤势,然后告诉她事情都处理好了,并且告诉她，已经把李莎安排在了另外一个房间，房间号是：2020。

沈可可接完电话回到浴室，看见李莎摆在洗脸台上的洗漱用品，拿起来看了看，自言自语地对着镜子里的自己说：

"你也确实贱，都已经被她打成这样了，还想着她有没有卸妆油洗脸！"

她指着镜中的自己，继续说：

"她能不能卸妆，能不能洗脸，能不能睡觉关你什么事？！"

想了想把手里的洗漱用品扔了回去，继续对着镜子处理伤口，但是又想着李莎肯定也是满脸的伤，再次拿起洗漱用品自言自语地说：

"你抢了人家老公，你还打人家，你这欠人家的债是下辈子都还不上了！"

说着她轻手轻脚地拿上李莎的洗漱用品和睡衣放进她的行李背包里。

满脸是伤的李莎这时候正站在门口听着里面沈可可的动静，她原本是想敲门进去拿东西，但是又拉不下脸来，趴在门上听到里面好像是有什么响动，就赶紧一溜烟跑回自己房间去了。

沈可可提着背包打开房门，犹豫了一下，然后轻手轻脚地来到2020的房间门口，轻手轻脚地把行李背包放在门口，用力敲了敲门，然后快速地冲回了自己的房间。

本来就站在房门边上的李莎，在门上的猫眼里看到沈可可跑远了以后，才打开门把行李背包拿了进来，而沈可可在对面的猫眼里也看到了这一幕。

终于处理好伤口，洗漱完毕的沈可可躺在床上，手里还拿着手机，微信上是和嘉南的对话窗口，那段话还没有发送出去。

她加上了一句：现在就来带我走。

想了想她又加上了一句：我们把所有钱都给她。

沈可可深吸了一口气，再次读了一遍：

"嘉南，我只要你，我希望我们的孩子出生之后可以在所有人面前喊你爸爸，更希望我可以向所有人介绍你是我老公，我们把所有的钱都给她，以后我们还可以一起再挣更多钱，你不要让我再等了，现在就来带我走，好不好？"

她再次深呼吸，然后按下了发送键。

时间在一秒一秒地过去，每一秒钟对沈可可来说都好像无比漫长，她在床上翻来覆去，觉得煎熬又起床去了厕所，还是无法转移注意力又打开了电视。

过了大概一个小时以后，嘉南回复信息来了：

"可可，我很想你。"

他转移了话题。

他没有正面回答。

他是在回避。

沈可可感觉自己的灵魂被抽走了一半，心也凉了一半，她的眼眶开始湿润，视线也开始模糊。

她闭了闭眼睛，继续打字追问嘉南：

"好还是不好？"

这次嘉南很快回复：

"别多想，早点睡，晚安。"

沈可可非常清楚男人在逃避回答的时候意味着什么。

嘉南选择了财产。

或者说是他选择了李莎。

因为选择了李莎就是保障了他财产的完整性。

或者说他目前最希望的是财产、她和李莎三者兼得，但是如果让他三者非选一个不可，一定是财产，那么在这段感情里自己又算是什么，自己押上了整个人生的这段感情有什么意义？

为了爱情？

称得上是爱情吗？

她和嘉南之间有真正的爱情吗？

所谓的爱情经不起时间考验，抵不过金钱诱惑，那算什么爱情？

那么她的坚持有什么意义？

为了财富？

选择另一个单身的男人共同奋斗，一起拼搏不是也有机会拥有财富吗？

如果自己放下身段去找，也许还可以找到比嘉南更富有的，更何况金钱就像是不可捕捉的影子，有一天会散尽的。

这一夜，沈可可依然失眠。

而李莎却睡得很好。

直到Jim来电话，李莎才被电话叫醒，Jim邀请她一起吃早餐，她洗漱好下楼来到餐厅，看到沈可可已经和Jim坐在餐桌边了，她走过去坐下，和Jim聊着天吃完了早餐，而沈可可却只是闷头吃东西，一言不发。

两人吃完了饭就各自回房间收拾东西，然后和Jim告别，Jim本来想给她们免单，但是李莎坚持让沈可可为她们自己买了单，给不了他任何希望，李莎不想欠着他什么。

Jim送她们出门，帮她们把行李放到了车上以后，分别拥抱了她们两人，他拥抱李莎的时间更长一些，Jim对李莎说："欢迎随时再来。"

李莎看了看身后的地中海风格的建筑，又看了看整片葡萄庄园，然后侧过身看了看Jim一脸的真诚，还是没忍心拒绝，她幽幽地说："但愿还有机会再来。"

她刚说完，沈可可把钥匙塞到了李莎手里说："我昨晚没有睡，你来开车吧。"

说完她径直走到了后座，坐了进去。

李莎很不情愿地冷着脸，拿着递过来的钥匙，但是在 Jim 面前她又不能发作和沈可可吵架，所以她只能拿着钥匙上了驾驶座，启动车开出了庄园。

车子缓缓离开之前，她在驾驶座右侧的后视镜里看了一眼渐渐远离的 Jim，虽然越来越远，但他还一直站在原地。

李莎转过头继续开着车一直向前，渐渐庄园消失在葡萄园里，她开车拐上了大路。

在李莎拐上大路的同时，一辆黑色越野车跟了上去，远远地跟在后面，开车的人就是陈嘉南。

她千方百计地想要
摆脱一切,
可是却无能为力。

第七章

39

　　李莎从前方的后视镜里看到沈可可缩蜷在后座上，看似睡着了，看来她昨晚确实是没有睡好，所以李莎没有叫醒她，准备收回视线的时候，她从后视镜里看到了后面远远跟着的那辆黑色越野车，和她那天站在酒店窗口看到的是同一辆，她知道那是陈嘉南。

　　李莎踩下油门加快了车速，握着方向盘一直往前开。

　　大概开了一个多小时以后，车子开到了一条沿海的道路上，窗外的风景换了一种冷峻的风格。

　　风有些大，深蓝色的大海波涛汹涌，浪花不断地拍击着路边的礁石，卷起千层浪，又击碎在路边的岩石上，留在路面上一地的泡沫。

　　李莎从后视镜里看到陈嘉南还跟在后面，她看到导航显示前面一公里左右有一条分叉的小路，她故意加快了车速，转过山上几个弯道以后，先是把陈嘉南甩在了后面，然后她快速转弯，开进了导航上显示的那条分叉的小路。

　　李莎沿着那条小路一直往前开，开到了附近一个码头上。

　　码头很安静，堤坝上画着各种杂乱的涂鸦，有几幅特别血腥阴暗，让人看着感到毛骨悚然。看到前面没有路了，意识到迷路的李莎把车停在了海岸边，她拿出手机先是点开陈嘉南的那辆车子的实时路线图，看到他还沿着大路在往前开，然后她才开始查看路线，考虑接下去要往哪里走。

　　忽然手机微信提醒，是张律师传了一些文件过来。

　　她关掉地图，点开传来的文件，文件内容是张律师通过一些特殊途径，收集到的陈嘉南出轨的证据，张律师想要通过这种方式争取尽可能多的资产，来征询李莎的意见是否许可。

李莎点开一张照片，是某家酒店的摄像头拍下的照片，照片里两个人有各种亲昵的肢体动作，有几张甚至缠绵得不堪入目，她厌恶地不断往下翻。

忽然她的目光停在了一张照片上，拿着手机的手开始用力握紧，她微微颤抖着用另外一只手放大了那张照片，她惊讶地发现那个女人不是沈可可，此刻她震惊地意识到除了沈可可以外陈嘉南还出轨过别的女人，李莎呼吸急促地往下翻，翻了几张以后，她又发现了另外一个女人的脸。

李莎放下了手机，她感觉到心被猛烈重击了几下，脑袋发蒙，仿佛外面的惊涛骇浪是击打在自己的身上，她觉得喘不上气来。

她回头看了看沈可可，沈可可还在继续睡着，她是否知道在自己之前嘉南还出轨过别的女人？李莎不断在内心质疑着，她是明明知道装作不知道在容忍，还是真的不知道？

亲眼看到那些照片，那些摆在眼前无法逃避不容置疑的事实让李莎觉得反胃，所有的痛苦在那一瞬间都回来了，铺天盖地地再次向她席卷而来，心里压抑着的不甘像岩浆一样迸发而出，瞬间点燃的愤怒快把她烧焦了，她烦躁地把手机扔在副驾驶座上，下车点了一根烟。

朝大海走近了几步，她只身站在不断被浪涛击打起惊天浪花的岸边，抽着烟。

抽完烟，她把烟头扔进了海里，烟头砸在礁石上溅起了几点星火，但是瞬间被海浪卷进了正在怒吼的大海里，消失得无踪无影。

李莎觉得自己也将要被愤怒和怨恨吞噬了，她觉得自己就像是那个渺小的烟头，被痛苦席卷着，被命运的浪潮席卷着，她千方百计地想要摆脱一切，可是却无能为力。

李莎走回了车里，坐进驾驶座，启动车，把车开上了长长的堤坝，然后直直地冲着惊涛骇浪的大海开去。

她要摆脱这一切。

她踩下油门，车速越来越快，她从后视镜里看到沈可可还在睡着。

李莎感觉到自己心跳越来越快，她视线回到正前方，突然惊讶地发现原来堤坝的尽头是有石头围栏的，车子开不过去反而会撞在石栏上，她急速转弯，车子撞翻了一个简易搭建的窝棚，她快速打转方向绕开了另外一个窝棚，然后踩下了刹车，长长的刹车声响起，车子在石栏前停了下来。

差点摔下座位的沈可可，从昏昏沉沉的梦里惊醒过来，迷惘地看了看四周，坐起身子，看了看驾驶座上神情带着异样惊恐的李莎，又看了看窗外怒吼的大海。

一阵电闪雷鸣之后，雨点开始砸了下来。

李莎看到沈可可惊醒了，强作镇定地说："下雨了，我们停在海边休息一会儿。"

雨点噼里啪啦地砸在车窗上。

沈可可怔怔地看了看窗外那片在大雨里迷茫的大海，说了一句：

"等雨停了再走吧。"

然后她又躺回了后座，身子朝着内侧，不声不响地想要继续入睡。

坐在驾驶座的李莎只是看着窗外狂风暴雨下的大海，也没有说话，车内很闷，也异常沉默，她的双手还在发抖。

为了让自己镇定下来，李莎扭开了车里的收音电台，一首意大利语的歌曲响起，有点像是当地民谣的女声吟唱，配着木吉他的伴奏旋律，舒缓但也非常悲伤。

这首歌曲结束以后，电台里通报了一则旅游资讯，是关于瑞士的雪山马特洪峰的，是说有两名游客在瑞士的马特洪峰上遭遇了雪崩身亡，马特洪峰已经夺走了500余名登山爱好者的性命，每年都有大约12人因攀登马特洪峰而丧命，最近气温反复，提醒大家尽量避免去雪山旅游……

听到这个讯息，李莎把视线看向了远方，看向了阴沉的海面上翻滚的浪花，雨水阻挡了视线，远方一片白茫茫的，其实并看不见什么，但是李莎却一直盯着白茫茫的海面，好像看见了一切。

车窗外的雨还是很大，规律地敲打着车窗，李莎靠在驾驶座上也渐渐地平静下来，开始有了睡意。

忽然，有人剧烈地敲击车窗玻璃。

强烈的敲击声惊醒了李莎和沈可可两人，她们从座位上弹坐起来看向窗外。

一群小混混模样的青年人正围着她们的车子，喊着意大利语让她们下车，他们有人手里举着铁棍，用棍子对着前窗玻璃威胁她们，如果不下车就要砸车窗玻璃了。

李莎慌乱地从车里看了看周边，她刚才完全没有注意到这条堤坝两侧涂满了各种涂鸦，更没有去看那些涂鸦的内容，这里是流浪汉和难民的聚集地，这样的地方也是罪恶的滋生地，而李莎刚刚撞翻的窝棚，可能就是围攻她们的这群人中某个小混混的栖身之所，他们一边骂着她听不懂的语言，一边举着被李莎撞翻的那个窝棚的纸箱片疯狂喊叫。

沈可可刚从梦中醒来，脑中一片混沌不清，还没有反应过来到底是怎么回事，只是觉得异常惊恐。

李莎往四周的远处看了看，这个地方实在是太偏僻了，远处连个人影都没有，这时候她们两个女人如果下车会非常危险，后果不堪设想。

沈可可颤抖着声音说着：

"我们要不要下车？他们要砸车窗玻璃了！"

李莎尽量保持冷静地回答：

"不要下车！"

沈可可看了看四周说：

"他们有七八个人,围着车子,我们开不出去!我们快点报警!"

说着她拿起手机准备报警,却慌张得记不起意大利的报警电话,李莎深呼吸了一下说:

"来不及等警察了,开不出去也要试试!"

说着她启动了车,车外那群小混混看她启动了车以后,感觉他们到嘴的肥肉要飞了,变得更加疯狂,他们剧烈地摇晃着车身,用棍子敲击着车窗。

沈可可害怕得抱住了自己的头。

李莎看了看车身后面长长的堤坝,她挂了倒退挡,然后开始踩下油门。

车子开始后退,但是那群小混混还没有让开的意思,他们用身体做肉墙挡住了车子后面的去路。

李莎想了想,把车挂到前进挡,她踩下油门,车子往前冲,那群小混混没有想到车子会往前开,都疯狂叫骂着往前追赶,眼看着车子就要撞到堤坝尽头的石栏上,李莎踩下了刹车,迅速挂上了倒退挡。

李莎用力踩了一下油门,车子朝斜后方窜了出去,绕开了后面几个小混混,然后再飞速地后退,有几个紧追不舍的小混混差点被车身擦到,他们迅速躲开,身子不稳的两三个倒在了地上,其他几人追了上来,李莎继续踩着油门,不管不顾地让车子疯狂后退,把那群小混混甩开了一段距离。

这时意识到李莎甩开了自己,重新调头回来的嘉南,正从李莎刚才开过的那条小路开过来。

他开到堤坝入口的时候,差点撞上李莎正在急速后退的车,他紧急踩下刹车,但车子前面的保险杠还是被李莎的车擦出一道火花,李莎没有停下来。

后退的车身经过嘉南前窗玻璃的那一瞬间,沈可可看到了嘉南的脸,原来李莎没有骗自己,他真的就在附近,那么前几天他们是真的见面了，而且做爱了，沈可可满眼哀伤地看着嘉南。

车子退出了堤坝以后，李莎快速地掉了个头，看到码头上有艘轮船，船身上用中文写着"久和"二个大字，让李莎觉得很亲切，这应该是一艘中国制造的船。正在上客，也有一辆接着一辆车子开上去，她知道那里是安全的，趁着岸边管理车辆的人员一时不注意，她跟着一辆卡车混进了车流里。

沈可可趴在车子后窗上，流着眼泪看着嘉南的车越来越远。

李莎跟着车流把车子快速开上了久和号，船就关上了舱门。

李莎松了一口气，坐在车上理顺了呼吸，然后先下了车，还没从惊恐和悲伤中回过神来的沈可可，立刻跟着李莎下了车，紧紧地跟着李莎走到了轮船的甲板上。

两人在甲板上看到船渐渐离岸，那群小混混还像饿狼一样在码头上徘徊叫嚣，但是越来越远，已经不可能威胁到她们了。

同时站在岸边的还有陈嘉南，他有些不知所措地站在岸边，看着她们越来越远。

陈嘉南拿出手机给 Maxime 打了电话说："她们上了一艘游轮，我没有跟上，你去查一下游轮是开到哪个港口的，什么时候到。"

Maxime 贪婪地说："五万欧。"

陈嘉南非常气愤地说："我自己找。"然后就挂了电话。

Maxime 扔掉了电话，愤怒地冲身边的一个满脸横肉的意大利人喊："你的人失手了！"

另外几个人围住愤怒的 Maxime，满脸横肉的那个意大利人抽了一口雪茄说："先把这一单的钱付了。"

Maxime 愤怒地甩了两叠欧元在桌子上，说："这是一半！下次如果再失手，谁都别想拿到钱！大家一起下地狱！"

说完他拿起自己的外套，气愤地甩门出去了。

40

雨已经停了。

雨后的海面是平静的深蓝色,暴雨过后尽管云层还很厚,但有一束束的金色光芒从云层里透出来,洒到海面上。

李莎向船上的游客打听了才知道,这艘久和号是从意大利南部驶向意大利最北部的港口城市 Genova 的,大概要在海上航行一天一夜的时间,明天中午时分才可以到达。

打听完了李莎走回来,看到沈可可坐在甲板边的躺椅上,出神地看着海面。

李莎走过去坐在不远处,背对着她,把打听来的大概情况跟她描述了一下以后,对沈可可说:

"你去补买一下船票吧。"

沈可可回头看了一眼李莎说:

"我快没钱了。"

李莎用带点讽刺又带点试探的语气说:

"就算你的钱用完了,你要抢走的那个男人有钱,你怕什么?"

"他的钱是他的钱,我的钱是我的钱,再说了你不是要让他净身出户吗?"沈可可语气强硬地反问。

"你偷听我讲话?"

"你不是故意喊给我听的吗?"

两个人再次沉默了。

沈可可鼻子开始泛酸,眼里慢慢地盈满了眼泪,她让眼泪滑落以后,又擦掉眼泪说:

"你高估了我在他心里的地位,他不会为了我净身出户的。"

李莎看了看流泪的沈可可，叹了口气，语气黯然地说：

"我希望的是他可以为了我净身出户。"

"你要那么多钱干什么？"沈可可带点悲凉地扭过头，看着李莎问，"爱的人都没有了，要那么多钱有什么意义？钱可以弥补心里那些受伤的裂痕吗？"

李莎大笑起来，笑完说：

"人生真可笑，我们现在竟然坐在一条船上，还在讨论怎么弥补心里的伤痕。"

沈可可转过头继续看着海面，没有接话，她不知道该接什么，两人沉默了一会儿。

"我要把所有钱捐掉。"李莎非常平静地说出这句话。

"你疯了吗？"沈可可诧异地转过头问李莎。

李莎也不知道自己该说什么，她什么也没有回答，站起身来就走向了甲板的另外一侧。

她独自在久和号上逛了逛，船虽然不大，可是各种设施都齐全，有客舱，有餐厅，还有小酒吧。

她逛了一会儿，远远地看到一个检票员模样的人，拿着一个打卡机在检查船上游客的船票，她心虚地迅速转身，小跑回去找沈可可。

李莎径直走到还在发呆的沈可可面前，焦急地说：

"你快点去补两张船票，检票员朝我们这边过来了。"

沈可可朝着李莎指的方向看了看，说：

"我们真的快没钱了，还是找个地方躲一躲好了。"

"为什么要逃票？连两张船票也买不起吗？"李莎有点生气地问。

"你就非要把我的钱用光，用得一分不剩吗？"沈可可反问。

"你真的只有那点钱吗？"李莎看似随意地追问。

沈可可听到这句问话，神色微有异样，但是却没有回答，她瞥了一眼李莎然后赶忙慌张得调转了视线。

看到沈可可表情的变化，李莎心里更加确定了自己的推断，沈可可和嘉南一定还有什么事是瞒着她的，但是她并没有在此时说破。

沈可可拽起李莎的手往停车的底层船舱走，躲开了往她们这边来的检票员。

若有所思的李莎任由她牵着走，她们走到了下层舱的入口处，发现门是锁着的，原来船在航行的过程中人车是分离的，乘客是不允许坐在车里的。

李莎甩开沈可可的手没好气地问：

"你躲得过这一时，躲得过整个一天一夜吗？"

沈可可再次拽起李莎往另一个方向走，可是船的另一侧甲板上也在检票，如果站在原地的话就会被两边走过来的检票员包抄，而且有一个检票员好像已经看到了慌张的两个人，正要朝着她们走过来。

沈可可想了想拽着李莎走进了旁边的一个甬道，在狭窄的甬道里七拐八拐，来到一个储藏室模样的舱室，两个人打开门挤了进去，沈可可悄无声息地关上门，两人从圆形的舷窗往外看，检票员没有跟上来。

沈可可和李莎长长地松了一口气，然后转过身，却惊讶地发现这个舱室里面有人！

惊恐万分的两个人吓得差点叫出声来！

两人立即做出了防卫的姿势，准备随时夺门而出！

藏在角落里的外国女人，赶忙温和地对她们两人做着"嘘"的噤声动作，两人紧紧地用手捂着嘴巴，控制自己的惊恐。

稍微缓了缓神，看清楚了角落里的女人，是一个五十岁左右的欧洲女人，看上去挺和善的，李莎用英语问她：

"你为什么在这里？"

"我想，和你们一样。"那个女人淡定地说。

李莎和沈可可互相对视了一眼，面面相觑地好像明白了什么，沈可可走过去压低了声音问：

"你也是躲在这里逃票的？"

"是的。"那个女人耸了耸肩回答道，"非常抱歉，先来了一步反而吓到你们了。"

沈可可和李莎彻底放松下来，瘫坐在一堆杂物遮挡的角落里，那个女人坐在了她们两个的旁边。

"真的是快吓死我了。"沈可可说，"这一天真的是一波三折。"

那个女人自报姓名说：

"我叫Safiya，很高兴认识你们。"

说着她握了握两人的手。

"你好，Safiya，我叫沈可可，我们这相遇太特别了。"沈可可握着她的手说。

李莎握着她的手接着说："我是李莎，幸会。"

"我们躲在这里不会被发现吧？"沈可可压低声音小声地问。

"白天我们就躲在这里，天黑了就可以出去了，检票员通常检过一遍票就不会再检第二遍了。"Safiya回答。

沈可可又接着说：

"我们两人来自中国，你来自哪个国家？"

Safiya回答：

"我来自美国，是出来徒步旅行的，你们呢？"

"我们说来话长，"沈可可说着看了一眼李莎，然后接着说，"我们也是出来旅行的，自驾旅行，我们的车子停在下面了，因为不小心遇到了一群浑蛋想要抢劫我们，我们开着车逃命到了这艘船上。"沈可可回答。

说完三个人又聊了一会儿，Safiya还把自己的食物分给李莎和沈可可两个人吃，吃完了以后三个人靠在墙角迷迷糊糊地睡着了。

醒来的时候，李莎发现沈可可靠在自己的肩膀上，睡得很沉，看了看她睡得平静的脸，想起刚才上船时她看陈嘉南的那个眼神，真的像极了年轻时候的自己，沈可可她应该是不知道照片里的那些其他女人的，是要现在让她知道，还是让她自己以后去知道这个残酷的事实，李莎在心里犹豫不决，她转头看向窗外，从靠海的那个舷窗往外看，天已经完全暗下来了。

Safiya 已经醒了，在安静地看着一本书，李莎和她相视笑了笑，然后推醒了沈可可。

三人商量好了准备出去看一看，Safiya 走在前面，李莎和沈可可跟在后面，Safiya 先从舷窗看了看外面的通道上没有人，然后就悄无声息地打开一道门缝，自己先走出去，李莎和沈可可跟了出去。

三人走到甲板上，深深地呼吸了一口海面上的新鲜空气。

不远处有一帮年轻人围在一起在用吉他弹唱着很抒情的意大利歌曲，甲板上三三两两的游客都在窃窃私语，有几对情侣在角落里深情相拥着。

三人找了一个角落里空着的躺椅，躺下来可以看到头顶的整片天空，墨蓝色的天空上有数不清的繁星闪烁，星空的那种静谧在大海上是清澈的，让人感到一种无比美好的温柔以及祥和，有一种被天地包裹着的安全感。

"好久没看到这么多星星了。"沈可可由衷地说。
Safiya 也跟着赞叹说：
"我有时候露营在郊外也会看到星空，但是没有这片星空这么美。"
李莎没有说话，只是安静地看着天空上的星星。
Safiya 幽幽地说："我们那里的老人们总是说，人去世了以后

就会变成天上的星星,你们觉得是真的吗?"

沈可可回答说:

"我希望是真的,不然人死了什么都没了,人生就真的太虚无缥缈了,尽管都说童话是骗人的,但人生有时候就是要故意被一些美好的谎言欺骗,我愿意相信人死后变成星星是真的。"

李莎接着说:

"做天上的星星应该比做地上的人要好,至少没有人世间的这些没完没了的烦恼。"

Safiya 的眼角有点湿润,微微闪着光,她带着点悲凉地说:

"我老公此刻一定就在这片天上,但是这天上的星星太多了,我找不到哪一颗才是他。"

沈可可有点惊讶地坐起来看着 Safiya,李莎也把头转向 Safiya 看着她,沈可可换了一种同情的语气问:

"你老公去世了?"

"说好要死在我后面的,自己却先走了。"Safiya 回答说。

"多久的事了?"李莎问。

"两年了,他离开后的这两年我一直在徒步旅行,不想回家,一起生活了三十多年的家里没有他了,也就不是家了。"

沈可可握住了 Safiya 的手说:

"他一定就在天上,虽然你找不到他,但是他一定会看到你。"

Safiya 抬起头用迷离的眼神看着漫天的繁星,伤感地说:

"如果他看到我,一定还在恨我,一定还没有原谅我……"

"不会的,他一定原谅你了,相爱的人总是会互相原谅……"沈可可继续安慰她。

Safiya 的肩膀开始颤动,她小声地抽泣着说:

"可是我背叛了他,他是在恨我,我知道,他是用死在惩罚我……"

"你出轨了？"沈可可小声地问。

Safiya流着眼泪回答：

"是的，但是他却不愿意离婚，一直不愿意放手直到去世，临死前对我说：你自由了……那一瞬间我才意识到自己离不开他……他走了，这个世界对我来说就是牢笼，根本没有自由……"

"爱上一个人，确实就像进入了牢笼。"沈可可的语气里也有了伤感，听着Safiya说的这些，看着Safiya的眼泪，沈可可想到了自己也是背叛了整个世界去爱嘉南，她也心酸地流泪了。

李莎也想到了陈嘉南对她一而再再而三的背叛，她自己何尝不是放不了手？除非她死了，有一瞬间她觉得自己能感受到Safiya丈夫的那种恨和痛，还有一瞬间她觉得自己好像就是天上的某一颗星星，她也不由自主地流出眼泪来。

Safiya哭着继续说：

"我知道自己错了，可是我控制不了自己，我也恨我自己，厌恶我自己……"

沈可可抱住了Safiya，也开始跟着她哭，哭着对她说："不要难过，不要难过……"

"有时候我恨上帝，为什么让我爱上一个人以后，又让我爱上别人？为什么人控制不了自己的感情？为什么人说变就变？为什么要让他离开我？为什么人生这么煎熬？为什么命运这么让人捉摸不透？"

她这一番话引得李莎和沈可可也大哭起来，三个女人旁若无人地在甲板上痛哭流涕。

"去他的男人！"李莎哭着说。

"去他的人生！"沈可可接着说。

"去他的命运！"Safiya跟着说。

"去他的婚姻！"李莎大喊。

"去他的爱情！"沈可可接着大喊。

"去他的……去他的一切！"Safiya用最大的声音喊出这句话。

然后三个女人放声痛哭，她们撕心裂肺得好像是在比谁哭得声音比较响一样，旁边的游客都诧异地看着她们三人，然后游客们渐渐围上来，关心地询问发生了什么，三个人什么也不说，就只管放声哭着。

她们三人的哭声引来了邮轮上的工作人员和乘警，他们也关心地询问她们的情况，可是三人早已经情绪失控，哭得昏天暗地，哪管什么工作人员，管什么乘警，管什么围观人群，只管自己的委屈，只管此刻尽情地用哭声控诉命运的不公，只管为自己的悲愤找到一个出口。

大概哭了十五分钟，三个人哭得没有力气了，渐渐平息下来。

三个人大概解释了情况以后，围观的人群也渐渐散开了，船上的工作人员和乘警准备离开，这时一个乘警好像想到了什么又转身回来问了一句：

"你们是哪个舱位的，请出示一下你们的船票。"

听到这句话的沈可可忽然又重新开始放声大哭，边哭还边用眼神去示意李莎和Safiya两人，李莎和Safiya两人立刻领会到了她是什么意思，也跟着开始放声大哭，一边哭一边三个人慢慢站起来，准备逃窜。

没想到围观群众实在太多了，她们根本逃不出去，三个人刚逃了几步，就被乘警抓住，带回了邮轮上的警务室。

沈可可最右侧，李莎中间，Safiya最左侧，三个女人委屈地坐成一排，然后三个男乘警，一个男警长，一个女乘务长和一个男船长，一共是五个男人和一个女人坐在对面审问她们。

女乘务长先发问："你们为什么哭？从你开始一个一个说。"

女乘务长指了指李莎,李莎看了看沈可可和Safiya,然后简短地回答:

"因为我老公出轨了。"

旁边五个男人半开玩笑地嘘了一声,女乘务长同情地看着李莎点了点头,然后看着沈可可,沈可可回答:

"因为我爱上了别人的老公。"

旁边五个男人欢呼式地开始起哄,女乘务长带点鄙夷地瞪了一眼沈可可,然后看着Safiya,Safiya叹了口气回答:

"因为我背叛了自己老公爱上了别人。"

旁边五个男人竟然开始鼓掌,女乘务长刚想说什么,Safiya接着说:

"所以我老公自杀了。"

现场安静下来,所有人都面面相觑。

Safiya接着说:

"你们觉得很好笑吗?怎么不笑了?继续笑啊!我也觉得自己很可笑!"

现场沉默了一小会儿,男船长愧疚地说:

"我们太无礼,真的很抱歉。"

警务长语气柔和地说:"真的非常荣幸你们乘坐我们的船,但是船票还是要补的,而且按照规定,逃票被抓到要按照票价的三倍补票。"

"这不合理!"沈可可从座位上腾身而起说道。

"你们逃票就合理吗?"警务长问道。

"我们逃票是不合理,但是我们按照原价补票就是了!为什么还要三倍?!"沈可可气愤地问。

"你如果杀了人能把人命原封不动地还回去吗?你抢了别人的老公只要还回去就可以当作什么事都没发生过了吗?犯了错就要接受惩罚!"女乘务长严厉地说道。

这话问得沈可可哑口无言。

李莎看了看哑口无言的沈可可，清了清嗓子冷静地说：

"在我们中国有一句话叫'放下屠刀，立地成佛'，即使你已经用刀杀了九十九个人，只要你在杀第一百个人的时候放下了刀，也可以立刻成佛。犯下的错已经成为过去，无法改变，重要的是意识到了自己的错误，决心纠正。虽然我们逃票了，但是我们已经知道错了，并且保证下次再也不会发生类似的情况，还请各位原谅我们这一次，让我们按照原价补票，而且我们是真的遇到了困难才会这样，真的非常抱歉。"

五个男人和一个女人凑在一起商量了一会儿，然后警务长叫来了检票员，他们同意让李莎和Safiya按照原价补票，却坚持让沈可可按照两倍的价格补票，沈可可看了看那个女乘务长，她正以一种不容置疑的审判的眼光看着自己，沈可可非常恐惧这种目光，有时候她会觉得全世界的人都在以这种目光看她，她沉默了一会儿还是去补了票，检票员给三人安排了还空着的舱位。

经过一番折腾，三个人都累了，躺在各自的床铺上很快就睡着了。

第二天醒来，三个人洗漱完毕以后，去吃自助早餐，沈可可拿了一堆吃的，坐下以后说：

"原来船票里是包含一日三餐的，怪不得这么贵，我们要狠狠地吃回来才行。"

"谢谢你替我付了船票费。"Safiya感激地对沈可可说。

"不要客气，大家同是天涯沦落人。"沈可可边吃边说，"多吃一点，帮我把钱吃回来。"

沈可可往嘴里又塞了几口吃的，然后对李莎说：

"接下来的旅程，我们真的是要节省再节省了！不然我们实在付不起回中国的机票钱了。"

李莎看了看她没有说话。

Safiya 接着沈可可的话说：

"你们要不要跟着我徒步旅行，风餐露宿？这样费用非常省。"

沈可可一听她的建议就非常感兴趣，详细询问了她的路线和徒步的方案，并且一起探讨接下来互帮互助可以省钱的地方，接着她们就制订出了一套综合考虑最节省的旅行方案。

"我要去瑞士。"李莎在一旁坚定地说。

"瑞士消费很高的，省不了钱。"Safiya 说。

"不管你们怎么省钱，我反正是一定要去瑞士的。"李莎看着沈可可再次坚定地说。

沈可可看到她坚定的眼神，很想问为什么，想了想还是没问，她说：

"去瑞士可以，但是怎么去你要听我的。"

"好的。"李莎回答。

说完李莎继续一边吃饭，一边看着窗外的碧蓝色的大海，虽然海面很平静，但是她心里却翻滚着烦躁和不安，她无心听她们两人怎么省钱，只是沉浸在自己的思考里。

41

清晨,迎着朝阳,久和号鸣着笛声进了港。

在船进港的这个时候,陈嘉南的车还抛锚在意大利北部的一条公路上,他从南部的那个港口码头打听来了久和号停靠的地点以后,就马不停蹄地开车赶过来,可是就在快到 Genova 的时候,车子在公路上抛锚了。

李莎开着车,三人下了船,李莎回头看了一眼船身上醒目的"久和"两个字,她的人生若是像这艘船一样该多好。

三人从 Genova 这个意大利最北边的城市开往瑞士。

因为她们的车已经租了一个月,所以沈可可决定还是继续自驾,但是沿途可以和 Safiya 一起住在帐篷里。

车子开出了城市以后,沿途蓝天白云,山坡上绿野平畴,牛羊成群,时不时地可以听到牛羊走动时的铜铃声,在风里悠扬,又在风里消散。

她们一路聊着天,穿过蜿蜒曲折的山路,过了意大利边境,来到了瑞士。

晚上她们把车停靠在路边的草地上露营,草地临靠着一条从雪山上流下来的清泉水,水很清澈,但是有些微凉。

她们用泉水简单地洗了脸,Safiya 用简易的酒精炉煮了水,给三个人做了简单的晚饭。

三人吃了晚饭,然后挤在一个帐篷里睡觉,经过一天的舟车劳顿,三个人都很疲惫,很快就入睡了。

清晨，李莎睁开眼睛，被站在帐篷边盯着她看的一头牛吓得跳了起来，她大声地惊呼，吵醒了沈可可和 Safiya。

三人钻出帐篷，发现她们被牛群包围了。

原来在瑞士的乡村里，牛是散养的，因为她们的帐篷边放着食物，引来了牛群。

Safiya 无奈地举着各种包装袋看了看，说：

"这群强盗抢走了我们的食物。"

"一点也不剩了？"沈可可问。

"剩下的也吃不了了。"Safiya 回答。

"我们去邻近的城市再买一些吃的吧。"李莎说。

沈可可一边驱赶着牛群一边无奈地回答："也只能这样了。"

三人开车来到了临近的瑞士城市楚格。

李莎把车开到了一个小超市旁边，停好了车。

她和沈可可进去买食物，Safiya 在外面等她们回来。

不远处的街角传来了音乐声，听到音乐声的 Safiya 朝街角走过去。

街角有一个拉大提琴的老年男人在卖艺，Safiya 走过去和老年人交流了一下，从他手里接过了大提琴，她坐在大提琴前，手握着琴弓，做了几次深呼吸以后，她开始缓缓地拉动大提琴。

音乐从她手下的大提琴中缓缓流出，大提琴的声音本来就带着点悲怆，从 Safiya 的手中拉出来更显得凄美动人，如泣如诉。

人群渐渐聚拢过来。

大提琴的声音时而婉转，时而低沉，被琴声吸引的人越来越多。

虽然观众围了一圈又一圈，还有人举着手机拍视频，但是现场安静得没有任何声音，大家都被 Safiya 的大提琴声感染着。

从超市出来的李莎和沈可可没有看到 Safiya，左右环顾寻找着。

"在那里！"沈可可远远地看到了人群里的 Safiya。

李莎和沈可可一起挤进人群里，然后站在人群里安静认真地听着 Safiya 拉着大提琴，她们好像看到了 Safiya 眼角没有滴下来的眼泪，音乐里满满的都是悲伤，她们知道这是 Safiya 无处诉说的凄凉。

有几个年轻人把拍下的视频传到了自己的社交网站上，而李莎和沈可可也被拍了进去。

一曲结束了以后，围观的人群响起了掌声，并且纷纷往 Safiya 面前的琴盒里丢钱。等人群散了以后，沈可可和李莎跑过去帮 Safiya 一起收拾整理硬币和纸钞。

沈可可一边收拾一边说：

"原来你会拉大提琴。"

"我是教大提琴的音乐老师。"Safiya 回答。

"你演奏得非常动人。"李莎接着说。

"这是我第一次见到我老公的时候，听到他在演奏的曲子，他是我的老师。"

Safiya 数了几张钱出来递给沈可可，然后接着说：

"这是你帮我付掉的船票，我请你们吃饭，今天赚来的钱足够我们吃一顿好的，然后再去好好地洗个澡。"

沈可可开心地把钱推回给 Safiya，然后说："没想到你还有这个技能可以赚钱，你请我们好好吃一顿就抵船票了，几天没洗澡，我已经全身都发臭了，能洗个澡那就实在太好了。"

Safiya 把赚来的硬币全部给了那个大提琴的主人，然后向大提琴主人询问附近的餐馆，那个老人向她们推荐了一家。

她们三人开车到了那家小餐馆，这家小餐馆实惠却非常美味，三个人饱餐了一顿。

餐后三人开车去往大提琴老人推荐的，一个在半山腰上的温泉浴场。

嘉南正开着车茫无头绪地在意大利北部寻找。

他分别给李莎和沈可可都发了信息，打了电话，两个人都没有接电话，也没有回复信息，感觉事情越来越失去控制，他不知道李莎到底要带沈可可去哪里，但是他感觉到了极大的不安。

他的电话响了，是 Maxime 打来的，他接了起来。

"我有关于她们两个的消息，你想要吗？"Maxime 问。

"多少钱？"陈嘉南问。

"一万欧。"Maxime 厚颜无耻地说。

"先付一半。"陈嘉南说。

"我把一段视频发你手机上了，想知道视频里的地点就把另一半也付了。"Maxime 说完挂了电话。

陈嘉南收到了一段视频，点开播放了几遍以后，他看到了在人群里观看大提琴演奏的李莎和沈可可，看这视频的清晰度明显是手机拍的，嘉南判断那段视频是来自社交网站，而且视频右下角隐约可以看到还有博主账号的水印，他迅速点开了几个社交网站，在每一个社交网站上搜索大提琴这个关键字的视频。

找了大概半个多小时，他终于找到了那段视频，并且看到了视频定位的位置，嘉南按照这个定位设置好导航，发动了车子，朝着瑞士方向驶去。

过了一会儿，Maxime 又来电话催款，陈嘉南一口回绝他说："我已经不需要知道她们在哪里了，以后我们不要再联系了。"

Maxime 愤怒地看着被挂断的电话，这愤怒又再次加速了他的贪婪，而贪婪已经让他完全丧失了人性，他阴狠地对着手机说："联不联系由不得你！"

然后他点开自己手机上李莎的实时路线图，原来不知道什么时候，他也给李莎和沈可可的车安装了跟踪器，他设置好导航，发动车子，也往瑞士的方向驶去。

42

夜晚的半山,雾气朦胧,茂密的树林凝聚着清新而湿润的空气。

车子沿着盘山公路蜿蜒而上,三个人吃饱喝足之后开着车来到了半山腰上的温泉浴场。

沈可可深呼吸了几口气说:

"看这雾气缭绕的,感觉自己是来仙境沐浴,把浴场盖在这么美的地方,还是欧洲人会享受生活。"

李莎和Safiya拿了换洗衣物往浴场走去,沈可可也赶紧拿了自己的东西跟了上去。

Safiya去给三人付了浴资,墙上贴的关于洗浴的说明全部是德文,她们三人都完全看不懂,也都没在意。

三人一起走进女更衣室脱衣,洗了头,洗了澡,然后她们披着浴巾走向浴池泡澡。

浴池是在半山临空而建的,有一半是完全露天的,水池氤氲散发着一层淡淡的雾气,和远山的雾气相互辉映,看上去像一幅山水画,真的有几分仙境的气质。

"这真的是仙境呀。"沈可可先脱掉浴巾走向浴池。

浴池非常大,靠里的一侧有一层一层的台阶下到水池里,靠外沿山的那一侧只有一层用来坐的石阶,整个浴池的中间,用一个个小石阶整齐地搭成了一条石墩的水上之路。

沈可可走向靠山的石阶坐下,惬意地向其他两人招手,说:

"你们快过来,这里太舒服了。"

Safiya和李莎也先后脱掉了浴巾,走向了靠山的那一面坐下。

这个时间浴池里的人不多,三人惬意地靠在浴池壁上。

三人正忘我地沉醉在温水带给她们的舒适感里，一个全裸男人沿着水上之路从浴池的一侧走到了另外一侧。

李莎和沈可可还有 Safiya 三个人身体瞬间僵化了，她们惊讶地看着那个全裸的男人一步一步地走过石阶。

沈可可还揉了揉自己的眼睛，确定自己真的没有看错。

沈可可凑在李莎耳边问：

"你看到了吗？"

李莎回答：

"看到了。"

沈可可又问："我们不会看错了吧？那是个男人？"

"是男人。"Safiya 在一旁说。

这时候她们认真地看了看整个浴池里，发现不但有三三两两的男人，也有三三两两的女人，还有三三两两的男女聚在一起，他们都很自然地全裸共浴，没有任何异样的表现，这时候她们才意识到自己来的竟然是一个男女共浴的天体浴场，难怪那个大提琴老头儿推荐的时候说这是全世界最美妙的浴场。

沈可可用手捂住自己的胸部，夹紧腿，然后凑在李莎的耳边压低了声音，小声地问："我们现在怎么办？"

李莎也悄无声息地把手遮住胸部，压低声音小声地说："我也不知道。"

然后两人看向 Safiya，Safiya 尴尬地看着她们两人都捂住自己的胸部，而且两人不约而同地都看向自己下垂的胸，她也难为情地赶紧捂住了自己的胸部，然后对沈可可说："你不是说来的是仙境吗？欧洲神话里男女都是共浴的，不用避讳，既然来了还是洗完再走。"

说着 Safiya 又放下挡在胸前的手，躺了回去，闭上眼睛。

李莎环顾了一下周围,又看了看 Safiya,也放下了手躺了回去,闭上眼睛。

沈可可看了看她们两人,小声说:"我在外面等你们。"

然后就准备往外走,但是被李莎一把拽回来,李莎强作淡然地说:

"既来之则安之,没人看你。"

沈可可被拽着逃不走,所以她只能用一只手挡着胸做贼似的,小心翼翼地环顾四周。

Safiya 闭着眼睛问李莎和沈可可:"对你们中国女人来说,是不是很难接受这样男女全裸共浴?"

沈可可红着脸回答:"完全接受不了。"

Safiya 又问:"接受不了的原因是什么?"

沈可可回答:"这要是被男朋友或者老公知道,估计会分手或者离婚。"

李莎讽刺地说:"那真是太好了。"

Safiya 接着问:

"那到底是中国女人不接受,还是中国男人不接受?"

"是整个社会不接受,在中国,裸体和性是一个很隐晦的问题,我们从来不公开谈论。"李莎回答了她的问题。

"那你们女人是从哪里了解到性知识或者性技巧来取悦自己的?"Safiya 又问。

"我在和第一个男朋友做爱之前根本不知道阴道在哪里。"沈可可回答。

Safiya 惊讶地睁开眼睛坐起身来,她睁大了蓝色的大眼睛,惊讶地问:"中国女人都是这样的吗?"

李莎回答她:"大部分都是这样,我也是这样,我们的父母从来不和我们谈论性这个话题,学校也从来不教任何性知识,我只有一个男人就是我的老公,我所有关于性的了解全部来自他。"

"天哪!"Safiya不敢相信地看着她们两人,"那如果遇到了不好的男人,中国女人怎么保护自己?"

"幸运的话怀孕了就结婚,不幸的就是堕胎。"李莎回答。

"这太可怕了,那各种性方面的疾病怎么防护?"Safiya继续接着问。

"现在情况已经有变化了,像我们这代年轻人还是会从网络上了解关于性的知识。"沈可可接着说,"但还是有很多女人一辈子都不知道高潮是什么感觉。"

"什么?"Safiya更加不可置信地问,"这不可能,没有高潮的男女关系怎么可能维持得长久?"

"很正常,我这几年就很少高潮,甚至性生活也很少。"李莎还是躺在那里闭着眼睛说。

"你不去寻找任何方法吗?女人有没有高潮,男人是知道的,这样渐渐两个人的关系会越来越冷淡。"Safiya带着点关心地问。

"等我意识到这个问题的时候,他已经去找别人了。"李莎很平静地回答,她忽然睁开眼睛盯着沈可可,沈可可红着脸低下头去,她直勾勾地看着沈可可问:"你和他做爱每次都有高潮吗?"

"几乎都有。"沈可可用小得连自己都快听不到的声音回答。

"你的高潮可以持续多长时间?"Safiya问。

"半分钟左右。"沈可可红着脸小声说。

"女人的高潮其实有五个层次,对应着女人阴道的五个部位,只有达到了第五个层次才算是真正意义上的顶峰,这个高潮时间可以持续十几分钟。"Safiya认真地说。

李莎听完这个回答,幽幽地说了一句:"中国女人对性的探索是落后的。"说完她无力地靠回了浴池的岩壁上。

"而中国的男人对性的探索却是超前的。"沈可可接着说了这句话。

Safiya看了看两人的反应,好像明白了什么,她引开了话题,说:

"我和我死去的老公,即使是关系最差的时候,也是每次都有高潮的,因为我们很了解彼此的身体,最重要的是更了解自己的身体需求。"

"你不要介意,我没有恶意的,我就是想知道一下,既然你和你的老公在性上是和谐的,在精神上也是契合的,那为什么你还会爱上别人?"李莎看着Safiya,非常真诚地问她。

"我也不知道为什么,就是有段时间觉得另外那个男人更吸引我,我越是压抑自己,就越想要和他在一起。"Safiya也靠回了浴池的岩壁上,继续说,"也许爱情真的是有保鲜期的,世间万物都是这样,当你处在幸福里久了,就会察觉不到那种幸福,对幸福麻木了,然后就会想要去感受另一种刺激,即使那种刺激是痛苦。"

"所以命运总是一喜一悲,没有任何幸福是永恒的。"李莎带着点苍凉地说。

沈可可看了看两人,叹了一口气也躺回了浴池的岩壁上,她环顾着眼前全裸的男男女女,说:"其实在命运面前,每个人都是赤条条的,男女都一样。"

李莎问沈可可:"如果命运给你机会再选一次,你会怎么选择?"

沈可可叹了一口气:"有得选就不叫命运了。"

肉欲和灵魂的撕扯,在人们心里已经纠缠了几百年甚至上千年了,谁也说不清楚到底是灵魂赢了,还是欲望赢了,命运之神忽左忽右地倾斜着天平,只让人们看到自己变来变去的人性,却没有输赢。

李莎和沈可可都知道,无论有多少次选择机会,命运都还是会让她们走到这里,命运的所谓选择,其实都有一个必然的结局。

泡好了澡以后三个人同时起身。

沈可可和李莎还是感觉到不自在，自己的身体赤裸裸地呈现在陌生男人面前，让她们有些无措，她们两人紧跟着彼此，快速走到浴池的另一侧拿起了浴巾裹好，然后快步向女更衣室走去，相比较Safiya就显得比较坦然，她微笑地看着她们两人，跟了上去。

三人从浴场出来，开车到了山顶，在山顶上找了个地方扎好了帐篷。

沈可可和Safiya两人很快就入睡了，但是睡在中间的李莎却怎么也睡不着。

她看了看熟睡的沈可可，轻轻地拿开了她搭在自己身上的手，然后起身走出了帐篷。

李莎缓步走到了山顶，入夜的山顶上有点冷，她拿出了自己的手机，给张律师打了个电话。

"喂，李总，你好。"张律师接起了电话。

"还有没有其他办法？"李莎问。

"我今天刚联系过陈总的律师，公司马上就要上市了，在这个节骨眼上离婚会造成巨大的损失，他再三恳求让我劝你三思，另外他也坚决不同意净身出户。婚内出轨只能是为我们争取尽量多的资产，除非陈总自己提出，不然从法律层面不太可能实现让过错方净身出户，但我们可以考虑制造新闻事件，利用舆论同情给法院施加一些影响。"张律师回答。

李莎沉默了一会儿回答：

"他是孩子们的父亲，我不想孩子们以后恨他，而且净身出户是我和他两个人之间的事，我不想牵涉其他人，我们再找找别的解决方法，目前这个方案作为最后的退路。"

"好的，李总。"张律师无奈地回答。

"另外我会尽快找到他转移财产的证据。"李莎说。

说完李莎就把电话挂了。

她独自一人站在山顶，看着山下的城市，忽明忽暗的灯火，她点了一根烟，抽完了还是没有睡意，她就拿出手机，点开自己的在线云相册，一张一张翻着以前的照片。

她一张一张看着，也一张一张地删着。

删了陈嘉南和孩子们的合影。

删了为数不多的一家人的合影。

她发现近段时间竟然没有她和嘉南单独的合影，唯一有一张还是工作状况下公司团队的合影，他们两人只是站在了一起。

不可否认，他们两人生疏了。

她也发现自己近几年都在忙着工作，很少拍照片，而这个云相册里的照片很少，不一会儿就删完了，她盯着空空的相册，心里有一种说不出的茫然和失落，感觉灵魂像是残缺了一半，走了这么长的路，心还是觉得隐隐作痛。眼泪顺着她的脸颊滑落下来。

Safiya远远地看着她孤独一人站在山顶上，紧紧地抱着自己，肩膀在微微颤抖着。

Safiya轻轻地走过来，把一件外套披在李莎的身上，李莎赶紧抹掉了眼角的泪痕，Safiya把一包面巾纸递给她，然后搂着她的肩膀说："想哭就哭。"

李莎接过面巾纸擦掉了眼泪，反而不哭了。

她又抽出一根烟来点燃。

Safiya问李莎要了一根烟，点燃了以后抽了一口，意味深长地说："我丈夫选择结束生命，确实是对我最大的惩罚，但是却给他的父母还有我们的女儿带来了无法修复的伤痛，人生很长，生活就

如这眼前的一座座高山，逆境总会过去。"

"谢谢。"李莎真诚地说。

说完两人都安静下来，在黑夜中就这样坐着，各自思考着自己的人生。

清晨，Safiya叫醒了还在熟睡的沈可可，沈可可睁开眼睛，Safiya对她说："快点出来，太阳马上就要出来了，我们一起看日出。"

沈可可匆忙披上了外套，小跑到山顶的东面，李莎已经站在那里了，沈可可跑到以后，等了几分钟，就看到了即将突破地平线的曙光，三人一起开始了倒数：

"10，9，8，7，6，5，4，3，2，1！"

说"1"的时候三人加大了音量拖长了尾音，这时刚好看到太阳从远处的地平线上露出了第一缕曙光。

这一缕曙光就像是扯开了阴暗，光亮渐渐地覆盖了整个大地，太阳一点一点从地平面上升起来。

Safiya说：

"这第一缕光明亮通透，预示着今天将会是好天气，接下来的路你们两人要自己走了，我准备回美国。"

沈可可惊讶地问："为什么要回去？"

Safiya笑着平和地回答："昨天听了你们关于中国女人的性话题，我认真地思考了一夜，然后重新找到了自己的人生目标，我要回学校去学习专业系统的性知识，学成毕业以后去中国普及对女人的性教育，不让那些无辜的小生命还没有看过日出就离开了这个世界，最重要的是要努力多让一个中国女人享受到高潮，我很相信有一句话叫作'没有没用的男人，只有没用好的男人'。"

李莎和沈可可听到Safiya说出这样一番话，内心觉得非常有触动,两人都用崇敬的眼神看着Safiya。

　　李莎说:"我可以安排在中国创立一个跟女人性健康有关的公益基金,等你学成来中国,交给你运营管理。"

　　Safiya真心地笑了,在朝阳中,她那一瞬间的笑容真的很美,蓝色的眼睛熠熠生辉,棕色的发丝在阳光下散发着柔和的暖光,沈可可兴奋地说:

　　"Safiya,你在这一瞬间像个天使。"

　　Safiya快乐地拥抱了沈可可和李莎。

　　三人拥抱在一起,Safiya说:"很高兴能遇见你们,很高兴,真的非常非常高兴。"

　　"我们也是。"

　　沈可可和李莎同时回答。

她渴望世界上有一个人
永远爱她，
没有任何理由、
任何目的、
任何背叛地爱她。

第八章

43

李莎、沈可可和 Safiya 三人开车下了山。

在一个路口，Safiya 下了车，背上她的背包，挥手向站在车旁边的李莎和沈可可道别，然后消失在了小路的另一头。

Safiya 的身影完全看不见了以后，两人才准备上车，沈可可打算开车，李莎先一步坐进了驾驶座，沈可可撇了撇嘴坐进了副驾驶座，两人开车继续上路。

沈可可问李莎："我们现在去哪儿？"

"马特洪峰。"李莎回答。

"你想去攀登雪山？"沈可可问。

"是我们要一起去攀登雪山。"李莎回答。

"我不能去。"沈可可坚决地说。

"为什么？"李莎问。

沉默了很长一段时间以后，沈可可回答：

"我怀孕了。"

李莎踩下了急刹车，车停在了乡村公路的路中间，长长的刹车声在空中回荡。

两人坐在车内沉默不语，沈可可转过头偷偷看了一眼李莎，她没有任何表情，可就这种没有表情的情绪却有一种最让人害怕的寒气。

李莎看都没有看沈可可一眼，她表面强装冷静，可是内心早已经翻江倒海，她觉得痛苦在割着自己的灵魂，一片一片地割下来喂养着愤怒，愤怒快到达她控制不了的地步，她用几乎看不出的细微动作做着深呼吸，想要让自己真正冷静下来。

又过了几分钟。

沈可可想要开口说话，可是刚说了一个字：

"我……"

就被李莎打断了，她用冰冷的语气说：

"不要说话。"

沈可可把想说的话又噎了回去，两人一直在车里沉默着，又过了几分钟，李莎重新启动车，继续上路。

两人一路沉默把车开到了采尔马特附近的城市塔什，李莎依然是什么话也不说，找了一个停车场把车停好，背着背包就下车了。

沈可可有点惊慌地看着李莎下了车就要走远，她深呼吸了一口气以后，只能下车，一路不远不近地跟着李莎。

李莎到了塔什火车站，走到售票窗口，等着沈可可走近，说了两个字：

"买票！"

"去哪里？"沈可可问。

"马特洪峰。"李莎回答。

沈可可犹豫了，她知道马特洪峰是全世界最危险的山峰之一，无数的登山者都死在了马特洪峰的登山之路上，每年总有关于这座山峰的报道，每年也总有人要么因为缺乏经验，要么因为落石，要么因为路线太拥挤等各种各样的原因而死亡。

一想到这些，沈可可就觉得腿软，她坐到了车站的长椅上，李莎看了看她的反应，就隔着几个座位坐下来。

沈可可问："为什么要冒这个险？"

李莎不回答。

沈可可又说："孩子是无辜的。"

李莎平静地质问她说："你有想过我的孩子是不是无辜吗？"

沈可可接着说:"我从来没有想要伤害他们。"

李莎带着怒气回答:"但是你抢走了他们的父亲。"

沈可可说:"父亲永远是父亲,他们之间的血缘是我抢不走的。"

李莎说:"看着自己的父亲背叛自己的母亲,看着自己的父亲在别的家庭生活,看着自己的父亲爱别的孩子,以后一个月还见不到一次,在他们的成长里缺失父亲,在他们的教育里缺少父亲的引导,就算遇到危险也失去了父亲的保护,这能叫父亲吗?"

沈可可带着眼泪问:"所以你要杀死我的孩子?"

李莎沉默了一会儿,平静地回答:"让神来决定。"

沈可可觉得一路上从来不敢有过的愤怒,此刻填满了自己的胸膛,这一路上她都觉得自己对李莎是有愧疚的,一路上迁让她,一路上忍气吞声,一路上细心照料她,可是换来的却是如此冷酷的对待。

沈可可愤怒地说:"千错万错都是我的错,孩子是无辜的,你放过他,我来承担一切惩罚。"

李莎依然平静地说:"你来承担?你怎么承担?时间可以倒回去吗?有了这个孩子还有可能让一切回到原点吗?如果以后让你把亲生孩子给我养,你愿意吗?"

沈可可的眼泪瞬间流了出来,她眼神里带着恨意看着李莎。

李莎看都不看她,只是说:"去买票。"

沈可可说:"嘉南知道了会恨你。"

李莎笑了,带点悲哀苦笑着说:"你觉得他会想要这个孩子?"

沈可可的心再次被重击了一下,继续说:"我愿意带着孩子离开,永远离开。"

"让他永远去找你,成为他心里永远的白月光是吗?"李莎继续苦笑着说。

沈可可哭喊着说:"那我们到底怎么办?"

李莎依旧坚持,语气不容反驳的强硬:"去买票!"

沈可可流着眼泪站起来，去售票窗口买了两张到采尔马特的火车票，两人再次坐上了火车。

两人远远地坐在不同排的位置上，各怀心事地看着窗外。

两个小镇很近，火车大概行驶二十几分钟就到了。

李莎走在沈可可前面先下了车。

沈可可觉得自己脑子很乱，李莎冷冷地站在站台上看着自己。

她远远地看着李莎，此刻她才意识到，李莎要嘉南净身出户，旅行一路用光了自己几乎所有的积蓄，现在又要夺走自己的孩子，李莎是要自己一无所有，她要让自己和嘉南在一无所有的境地下，品尝自己种下的这个苦果，这是她对背叛的惩罚。

她的眼泪流了出来，她不想下车，她想此刻就逃离这一切，然后带着孩子远走高飞。

火车开始鸣笛了。

李莎仍然站在站台上用冰冷的目光看着沈可可。

沈可可的眼泪不断地流出来，她不断地告诉自己不能下车，仿佛一旦下了车，自己就真的失去了一切。

火车再次鸣笛了。

站台上已经空了，只有李莎一个人还站在那里。

沈可可看到了她眼神里的那种带着绝望的孤独。

火车开始缓缓启动，沈可可流着眼泪对李莎不断地摇头。

沈可可知道这是自己对她的第二次欺骗，第二次背叛，第二次伤害。

她知道这将是对李莎的巨大打击。

火车从李莎的眼前开过，沈可可回头，从模糊的视线里看到李莎还一动不动地站在火车站台上。

火车从站在原地一动不动的李莎眼前完全开过，然后走远了，一阵风吹拂过她的脸庞，她的眼泪瞬间流了出来。

233

44

塔什的停车场里。

Maxime小心翼翼地把车停在李莎和沈可可那辆蓝色车的附近，他下车，左顾右盼地走到蓝车的旁边，往车里张望。

车里空无一人，他跟着放在车里的追踪器到了这里，可是她们人去了哪里，他一下子断了线索，愤怒地用力踹了几脚车子，他开始像一只饿狼一样在停车场附近徘徊。

陈嘉南找到了那个大提琴老人以后，也再次失去了线索，只能是在楚格的大街小巷各处徘徊。

临近中午时分，沈可可在终点站下了火车。

她独自走出火车站，这个古老的小城市正在举行传统节日洋葱节的游行，漫天的彩色纸屑飞舞着，穿着色彩鲜艳传统服饰的游行队伍在火车站前缓慢地移动着，乐队演奏着欢快的旋律，所有人手里都拿着彩色纸片向空中抛洒，向同伴抛洒，向游客抛洒。

沈可可麻木地抬头看着在空中飞舞着的彩色纸片，她伸出手，一片红色的小纸片落在她的手心里，是小洋葱头的形状，小洋葱头上还有一张小小的笑脸，可是一群狂欢的人跑过，带起一阵风，把那张笑脸给带走了。

她看着狂欢的人群，看着漫天飞舞的彩色，忽然觉得这所有的彩色没有一片是属于她的，置身于最热闹最繁华当中，可热闹和繁华却和她一点关系都没有，她感觉到一种前所未有的孤单。

她麻木地站在人群里，看着游行队伍缓缓走过，狂欢的游客和

行人也跟着游行队伍远去，整个世界安静下来，只剩下一地满目疮痍的纸屑。

纸屑时不时地被风吹起又快速落下，这些看在她眼里都是苍凉。

她在这一瞬间竟然想到了中国的葬礼，也是伴随着音乐，有满天飞舞的纸屑，只不过纸屑是白色的。

时间过去太久了，她都快忘了小时候给她带来巨大悲恸的那场葬礼了，那是母亲的葬礼，她还很小，只有5岁，她紧紧地拽着父亲的白色孝服，走在小山城崎岖不平的山路上，她没有哭，却一直抬着头看着满天飞舞的白色纸屑，白色铜钱形状的纸片也曾落到她小小的手里，覆盖了她整个小手掌，那时她还不知道什么叫作死亡。

后来才知道，死亡是二十几年的思念却已经记不清母亲的脸，死亡是每一次撕心裂肺的呼唤都再也没有任何回应，这一刻她特别想念自己的母亲，她低下头摸了摸自己的肚子，她真的不能放弃这个孩子，她不知道嘉南会爱她多久，但她知道自己肚子里的这个孩子会一直爱她，永远爱她，无论生死，就像自己一刻不停地爱着死去的母亲那样。

她渴望世界上有一个人永远爱她，没有任何理由、任何目的、任何背叛地爱她。

她含着眼泪拿出手机给自己父亲打了一个电话。

电话响了几声以后接了起来。

沈可可叫了一句："爸。"

电话里是沉默，她的父亲沈平没有说话，自从她对父亲说了嘉南，说了自己爱上了一个已婚男人以后，父亲接起任何一个电话都是这样让人喘不过气的沉默。

每次都是像现在这样，接起却不说话，沈可可知道这是父亲无声的责备，这种无声的责备比打骂更让人觉得煎熬，做了一辈子老师的父亲性格古板传统，他知道用怎么样的方式会让自己的女儿更觉得无地自容。

自从母亲去世以后,她和父亲之间的心灵纽带就像是断裂了,她不知道自己做错了什么,或者是母亲在生前做错了什么,让父亲这一辈子都无法释怀,无论她再怎么努力好像都走不进他的心里,但是他对自己吝啬的笑容和爱,却毫无保留地给了那个同父异母的弟弟。

沈可可的眼泪流了出来,她擦掉眼泪继续对父亲说:

"爸,我怀孕了,我想要这个孩子,我想要一个会把我放在第一位的亲人,就像妈妈那样……我好想妈妈……"

说完她控制不住自己的情绪在电话里对着父亲哭了起来。

"你以后带着个孩子嫁人更难了。"

父亲苍老的声音在电话里响起,沈可可听到父亲的声音有点诧异,也许是因为是快一年时间没听到了,父亲的声音显得陌生,陌生得就像是一个没有任何关系的旁人。

父亲接着说:"你把孩子打掉,在大城市找一个忠实可靠的人家嫁了,好好地过日子。"

这次轮到沈可可说不出话来,电话里是父亲和女儿长时间的沉默,沉默持续了一会儿,父亲把电话挂断了。

沈可可听着电话里挂断以后的杂音,此刻在这个他乡异国,她觉得更无措了,一种前所未有的无措,摸着自己的肚子,她小声而悲哀地说:

"我只有你了。"

45

李莎在站台的长椅上坐了很久,她以为沈可可会坐下一班火车回来。

临近中午,大概已经两个小时过去了,她确定沈可可是不会回来了,至少在短时间内是不会回来了。

她身无分文,心里感到莫名的失落和无助,又坐在长椅上想了一会儿,她拿出手机,点开嘉南那辆车的实时路线图,看了看嘉南的位置。

十年了,她习惯了遇到任何问题就找他,她用微信给嘉南发了一个定位,但是想了想又撤回了。

看到了定位却还没来得及看清楚的嘉南,马上给李莎打来了电话,李莎没有接,把电话按掉了。

她继续想着,在欧洲她还可以把电话打给谁求助,忽然她想到了Hebbe,那个不久之前,她在巴黎郊外的CLORIS遇到的,和陈嘉南有过关系的豆蔻少女,是李莎把Hebbe从深渊里救出来,她应该会帮自己。

这个时候的她怎么也没想到,也就是这个女孩会把她从差点掉入的深渊中解救出来。

她再三思考过以后把电话打给了Hebbe。

"我在瑞士的采尔马特,和朋友走散了,现在身无分文。"她在电话里对Hebbe说。

"需要我过去吗?" Hebbe问。

"还是不要过来了,Maxime还在找你,他最近有联系你吗?"李莎问。

"我换了电话号码,他在向我所有的亲人朋友打听我的下落,他在欧洲认识很多黑帮小混混,我感觉自己逃不出去。"Hebbe 丧气地说。

"万不得已你就报警。"李莎说。

"我没有勇气报警,就算被抓进去关一段时间,他出来了只会变本加厉。我先帮你解决问题,采尔马特我以前去过,还认识一个当地的导游,我找找他的联系方式,你在那里稍等一会儿。"Hebbe 说完就挂了电话。

她从一个旅游 App 上,找到了那个当地导游的联系方式,她联系那个导游并且给他打了两万欧元,用来安排李莎这段时间的起居食宿。

安排好以后她把导游的照片和简介发给了李莎。

李莎又在长椅上坐了大概一个小时,一个四十岁左右身强体壮的欧洲男人小跑着向她过来,到她面前以后问:"请问你是李莎女士吗?"

"是的。"

"你好,我是 Mike,Hebbe 刚才给我打了电话,我会全程负责你在采尔马特地区的游览,包括安排马特洪峰的攀登。车子已经在外面了,跟我来吧。"

说着他拿起李莎的背包走在前面引导,李莎跟在后面走出了采尔马特火车站,上了一辆电瓶游览车。

采尔马特是环保城市,不允许汽车进入,所以只能用这种小型游览车代步。

李莎坐在后面,Mike 坐在副驾驶座,司机缓缓开动了电瓶车。

Mike 转过身对李莎说:"我先安排你到酒店休息,下午我们开始马特洪峰的游览以及攀登准备。"

"我要找一个人,你有认识做侦探的吗?"李莎问 Mike。

"Hebbe 交代过我了,你有任何需要我们都会尽量做到,请把要找的人资料给我。"Mike 回答。

李莎打开自己的手机,从张律师发来的那些照片里,截取了沈可可的单独人像,发给了 Mike,然后把一些信息,包括她们坐的那趟火车的车票给了 Mike,并且说:"越快越好!"

"好的。"Mike 回答。

Mike 带着李莎入住了一个在半山上名叫 CHETAERON 的酒店,酒店安静地被群山环抱着,窗外的远山覆盖着白茫茫的残雪,酒店的设计和自然融为一体,又凸显了现代感。

李莎入住了以后,首先在房间内可以看到远山的露天浴盆里泡了澡,然后躺在床上昏昏沉沉地睡着了,直到房间里的电话铃声响起来才把她吵醒了。

是 Mike 来的电话告诉她:"沈可可已经找到了,是否要派人去把她带过来,或是安排你过去?"

"暂时不用,但是我要随时知道她的动向。"李莎回答。

"好的。"Mike 接着说,"马特洪峰的游览我们也准备好了,您是要先在酒店吃午饭,还是到山上的景观餐厅去吃?"

"在酒店吃吧。"李莎回答。

说完李莎挂了电话,起身洗漱穿戴好以后,去了酒店的餐厅吃午饭。

沈可可走在街上游荡到了一个公园里。

她坐在一个公园的长椅上,拿着手机查着回上海的机票,从瑞士回中国的机票价格近一周都在四千元左右,她不知道自己的卡上还有没有这么多钱。

她走进了一家有银联标志的自动取款机前,把自己的银行卡从包里拿出来推了进去,她看到卡上的余额只有5350元人民币了,她拔出了卡,灰溜溜地走出来。

她看着手机上的机票信息,犹豫了一下,决定还是暂时先不买,她不能把李莎一个人扔在这里,至少要给她买好回去的机票,这样想着她翻到了李莎的手机号码,可是看到手机号码以后她又犹豫了。

她看着自己手机的屏幕,看着嘉南抱着她的笑脸,犹豫着要不要给嘉南打个电话,也许他就在不远的地方,打个电话应该很快就能见到他。

可是李莎问的那句"你觉得嘉南会想要这个孩子吗?"瞬间撞进了她的脑海,其实她知道却不敢正视这个问题的答案,有一次她小心翼翼地试探问过嘉南,嘉南推托说还没到合适的时候,李莎确实太了解嘉南了,她知道嘉南不想要这个孩子。

她又想到了这一路上看到李莎经历过的痛苦,如果将来有一天她自己成了李莎,她没有李莎的坚强,也没有李莎的财力,她该如何面对。

她关掉了手机茫然地坐在长椅上。

她无处可去,茫无头绪地在公园里乱逛,她完全没有注意到远处有人躲在草丛里拿着相机正对着她在拍照。

感觉到肚子饿了,她就去路边的食物摊上买了个热狗,然后她走回公园坐在长椅上吃着热狗。

她看了看手里热气腾腾的热狗,想到了此刻李莎还身无分文,她对着热狗自言自语地说:"也不知道她有没有东西吃。"

李莎面前摆着一桌丰盛的美食。

她看着手机里 Mike 给她发来的照片,沈可可落魄地坐在公园的长椅上啃着一个热狗。李莎撇了撇嘴,放下手机,继续吃午饭。

午餐后 Mike 来了，带着登山用的冰爪和衣帽，他对李莎说：

"因为你不是专业的登山运动员，所以想要登上马特洪峰，我们需要提前做一些训练。这是我从附近的店里租借的登山用品，你可以穿戴上先感受感受。"

李莎穿戴上了防护帽和其他护具，又穿上厚重的冰爪登山鞋，她举着两根登山杖，在酒店外的雪地上试了试缓步行走。

刚开始李莎觉得寸步难行，坚持了半个小时以后，可以在雪地上平缓行走了，只是速度比较慢。练习了两个小时左右李莎换下了登山服和冰爪鞋，然后问 Mike：

"要训练几天可以开始攀登？"

Mike 回答："现在的马特洪峰赫恩利山脊的登山路线已经被修得非常好了，往返通常需要 8 个小时，我们进行大概一周的培训就可以开始攀登，明天我们会进行一些攀登器具的使用训练。"

李莎疲惫地说："好的，今天就到这里吧。"

说完就回房间去了。

Hebbe 几经犹豫之后给嘉南打了电话，她告诉嘉南说：

"李莎给我打电话说在瑞士和朋友走散了，她一个人身无分文，你帮帮她吧，她是个好女人，你不应该辜负她。"

嘉南对 Hebbe 说：

"她知道我在欧洲，却没有给我打电话，这个时候她是不会接受我的帮助的，我给你转一笔钱，你帮我打给她吧，你就说是你自己借给她的。另外，你可以告诉我李莎在瑞士的具体地址吗？"

"具体我也不知道，我只是给她安排了一个当地的导游。" Hebbe 回答。

"导游的联系方式可以告诉我吗？"嘉南又问。

Hebbe 把 Mike 的联系方式告诉了嘉南。

46

　　梦境里，李莎推开一扇大门。

　　她愤怒地拿着一把剪刀，走进衣帽间，打开陈嘉南的衣柜，用剪刀疯狂地剪破里面的衣服，一件接着一件，不管是夏装的衬衫和裤子，还是冬装西服和羽绒服，还有领带、袜子、内裤。

　　只要是陈先生的衣服，她都疯狂地剪个粉碎，羽绒服里的羽毛从破碎的布料里飞舞而出，在整个更衣间里漂浮。

　　直到满头大汗，筋疲力尽，她坐在碎衣片和破布堆里无力地哭泣。

　　梦里的哭泣那么歇斯底里，却哭不出声音。

　　越是哭不出声音，她越是用力地哭泣。

　　她转过头，看到自己的孩子陈宣和陈莹站在角落里，羽毛和布料碎片沾得他们满身都是，两张小脸无辜地看着李莎，他们双眼里盈满了泪水。

　　李莎手里的剪刀掉落在地上，她想要走过去抱一抱自己的孩子，可是却怎么也迈不动步子，梦中的她被困在原地无法动弹。

　　正在她感到最无力的时候，陈嘉南走了进来，他捡起地上的剪刀，一步一步走近她。

　　李莎满眼都是眼泪，她用泪水折射出怨恨，看着陈嘉南却不能动弹。

　　突然，陈嘉南举起了手里的剪刀，刺向了李莎。

　　一阵电话铃声惊醒了李莎的噩梦。

她打开床头灯，拿起手机，看到是一个陌生的瑞士号码，她接了起来：

"喂，你好。"

电话里用非常公事化的英语问她：

"请问是李莎女士吗？"

"是的。"

"你好，李莎女士，我们是瑞士因特拉肯警局的，你的朋友沈可可由于深夜和一群流浪汉在公园里留宿斗殴，被我们警局拘留了，现在需要你来警局保释她。"

"你确定是沈可可？让我听一听她的声音。"

"稍等。"

警察把电话拿到了沈可可面前，沈可可接过电话，有气无力地小声说了一句："我是沈可可。"

然后两个人在电话里沉默了一会儿。

李莎说："我知道了。"

说完李莎就挂断了电话，然后打了电话给Mike，让他帮忙，现在就一起去因特拉肯。

李莎简单地洗漱完，带上自己的证件就出房间到了酒店门口。

站在酒店门口抽了一根烟，Mike就开着电瓶车来了。

Mike下了车先和李莎了解了一下情况，然后说："今天是周末，现在这么晚了，去因特拉肯的火车肯定没有了，采尔马特是全城禁车的，没车我们出不去，可以等明早的第一班火车去塔什，然后再从塔什开车去因特拉肯。"

李莎把烟掐灭了，坚定地说："你想想办法，最好现在就去。"

Mike想了想说："我问一下酒店有没有自行车可以借我们去塔什，大概二十公里，你可以骑吗？"

李莎回答："可以。"

Mike 去酒店前台借了两辆自行车。

两人骑着自行车立即出发，大概骑了五十分钟，到了塔什李莎停车的地方。

阴暗里，有一双眼睛正盯着李莎。

一直坐在自己车里守着，等着李莎和沈可可回来的 Maxime，这时候看到了李莎，像是饥饿的野兽看到了猎物，眼睛里闪着绿莹莹的光。

李莎把钥匙给 Mike，两人开着车去了因特拉肯。

Maxime 一路小心翼翼地跟着。

车程三小时左右，到了因特拉肯，天已经蒙蒙亮了。

李莎迷迷糊糊地在后座上睡着了，Mike 把她叫醒，告诉她到了。

李莎下了车，站在警局门外抽了一根烟，清醒了一下，然后就和 Mike 两人走进了因特拉肯警察局。

沈可可头发散乱，独自坐在拘留室的一个角落里，这个拘留室里还有另外几个女人，她尽量远离她们，双手抱着自己的膝盖，头靠在膝盖上，看上去非常可怜。

李莎一进警局门就远远地从铁栏杆的缝隙中看到了沈可可这个可怜兮兮的身影。

因为 Mike 认识这边的一位警长，所以保释手续办理得很顺利，李莎办理好了保释的手续，交完罚款，一位女警察带着她走到了拘留沈可可的那个拘留室，用门禁卡打开了铁门，叫着沈可可的名字，可是沈可可蹲坐在角落里毫无反应。

李莎轻声叫住了女警察，示意自己要进去，女警察点了点头默许了。

李莎走了进去，走到了沈可可的旁边。

　　沈可可一直低着头，看到了地面上走过来的双脚，迅速地抬起头，确认了站在眼前的就是李莎，她想要站起来，可是却没站稳，李莎蹲下去扶她，她一把抱住了李莎，开始控诉委屈似的大哭。

　　这是她第二次经历惊恐以后，如此真实地表达自己的信任，她紧紧地抱着李莎，一边哭一边含糊不清地说：

　　"我没有钱住旅馆了……我的钱都不够买我们两个回去的机票……我睡在公园里……那群女人就说我抢了她们的地盘……是她们先动手的……我打不过她们……"

　　李莎叹了口气，举起手拍了拍她的背。

　　李莎带着沈可可出了警局，沈可可紧紧地抓住李莎的胳膊，不肯放手，两个人坐进车子的后排，Mike 开车，他们回了塔什。

　　到了塔什以后他们换乘了小火车。

　　Maxime 一直远远地跟着她们也上了火车。

　　到了酒店以后，Mike 开始办理沈可可的入住手续。

　　沈可可小声地对李莎说："我不想一个人住，我想和你住一个房间。"

　　李莎看了看她，带着调侃的语气说："你坐火车走的时候，把我一个人扔在站台上，可是头都没回。"

　　沈可可没有说话，委屈巴巴的眼睛里又要开始掉眼泪了，李莎装作看不见她的委屈，冷静地对 Mike 说："再开一个房间。"

　　办理好了入住，李莎拿着自己的门卡就要走。

　　沈可可慌张地想要跟上去。

　　Mike 找了简单的创伤药给沈可可，她迅速接过药，立即就小跑着到电梯间，挤进了快要关上门的电梯。

电梯上了五楼，李莎走了出去，沈可可跟在后面。

到了自己的房间门口，李莎拿房卡打开了门，进去以后砰一声把门关上了。

走廊上只剩下沈可可一个人，手里拿着房卡，站在那里开始掉眼泪。

李莎从门上的猫眼里看到沈可可还独自站在门口，她纠结了一会儿，叹了一口气拉开门说："进来吧。"

沈可可一边擦眼泪一边走了进去，李莎让沈可可先去洗漱，沈可可很听话地走进了浴室。

Maxime 一直等在酒店门口的阴暗角落里。

看到 Mike 走出来，他仔细看清楚 Mike 的脸以后，想起 Mike 是几年前他和 Hebbe 来马特洪峰旅行时的导游。

他在心里开始盘算，Mike 一定是 Hebbe 介绍给李莎的，顺着 Mike 既可以找到 Hebbe，又可以找时机对李莎和沈可可下手，这样想着他朝 Mike 走过去。

沈可可洗了澡又洗了头，准备处理脸上和手上的伤口，可是她站在镜子前面想了想，然后拿着创伤药出去可怜巴巴地递给李莎说：

"你能不能帮我上一下药？我自己看不到。"

"浴室里那么大一面镜子，你瞎了吗？"李莎没好气地调侃着说。

沈可可委屈地把创伤药塞进李莎的手里，说：

"我真的看不见。"

李莎拿过创伤药打开，故意带点力气地把药点在伤口上，沈可可疼得龇牙咧嘴，她眼泪又开始在眼眶里打转但还是忍着，李莎看到了，叹了一口气，放轻了动作，一边上药一边说：

"我们真的是不一样,你温柔,我强势,你善于退让,我不懂妥协,你会让别人给你上药,我只会给别人上药,我们是完全不同类型的两种女人。"

"如果没有嘉南的话,我们会成为朋友吗?"沈可可心情复杂但是又带着真诚地问。

"如果没有嘉南的话,我们不会遇见,也就不会有这次旅行。"李莎平静而又苦涩地继续说:

"经历过这次旅行我才知道,人是会变的,就像风,我在变,陈嘉南也在变,我只顾忙着奔波事业,养育儿女,却没有看到他的变化,他的喜好变了,他的需求变了,甚至连他获取性快感的方式都变了,我还一直以为他还是十年前的那个他,他就像是一阵风已经改变了方向,我却还在原来的方向上,渐行渐远,我和他日夜相守,我却还是错过了他,这是我的不好。"

"可是风向一直会变,我们谁都没有办法预测,只要他会变,我也一样会错过他,只是时间长短的问题。"沈可可也说出自己心中的真实想法,她正视着李莎更加认真地说,"但是我们可以做到的是尽量把自己造成的伤害降低到最小,选择一个对大家都好的结果。"

"好了,你睡吧,我去洗澡了。"

李莎放下自己手中的药进了浴室。

沈可可垂头丧气地走到床边,掀开被子躺到了床上。

李莎从浴室出来,看到沈可可已经疲惫地睡着了,她在另一侧掀开被子躺下,已经睡着的沈可可本能地把身子靠过来,凑在她的旁边,用一只手搂住她,李莎本来想推开她,但是扭头看到她熟睡的表情,想了想又叹了一口气,帮沈可可把被子拽好,盖住露在外面的手,然后躺下,闭上眼睛。

正要入睡,李莎听见在身后抱着自己的沈可可,迷迷糊糊地喊了一句：

"嘉南……"

李莎瞬间僵住了身子，一下子睁大了已经闭上的眼睛，原来睡梦里的沈可可把自己当作了陈嘉南。

李莎想要推开沈可可，可这时睡梦里的沈可可开始哭，边哭边嘟囔着说：

"我好想你……"

李莎一把推开沈可可，坐直了身体，她打开了灯，然后没好气地说："沈可可，你起来。"

沈可可还在沉睡，没有任何反应。

李莎加大音量说了一句："你别以为在我这里装可怜！我就会放过你！你给我起来！"

说着李莎就准备去把沈可可摇醒拽起来，但是沈可可完全没反应，李莎看了看沈可可脸上满头大汗，摸了摸她的额头，明显是在发烧，她赶紧起身，给 Mike 打了一个电话，请求他找一个医生来。

李莎给 Mike 打电话的时候，Maxime 就坐在旁边，他假装偶遇，正献着殷勤请 Mike 在喝酒。

他假装客套地告诉 Mike 如果有事就先去忙，自己在这里等他回来继续喝酒。

等 Mike 走了以后，他举起手里的那张纸，纸上写着 Hebbe 的联系方式，他得意地喝光了杯子里的酒，起身走了。

Maxime 找了个安静的地方给 Hebbe 打了电话，Hebbe 在听到 Maxime 声音的那一瞬间就把电话挂了。

Maxime 连续又打了几个电话给 Hebbe，她都不接，接下来她的手机就关机了。

Maxime 给 Hebbe 发了一段语音留言，说："亲爱的，我马上就会搞到一大笔钱了,以后我再也不会送你去做妓女了,你告诉我在哪里,等我拿到钱以后去接你,我们一起远走高飞。"

给 Mike 打完电话,李莎先自己跑去浴室用冷水拧了一个毛巾放在沈可可的额头上。

过了大概半小时,门铃响了,Mike 带着一个上了年纪的老医生来了,医生仔细检查过沈可可以后说:

"她是感冒发烧,没有什么大问题,只是她怀孕了,不能用药,只能物理降温。"

"好的,谢谢医生。"

医生留下了外敷的感冒贴,李莎就送 Mike 和医生出去,Mike 临走前李莎小声对他吩咐说:

"麻烦你帮我跟酒店说一下,明早准备一份米粥。"

Mike 有点疑惑地问:"米粥?"

李莎想起欧洲人是不喝粥的,她对 Mike 说:

"麻烦你帮我找一下附近的中国餐馆,把联系方式用手机发给我。"

"好的,我知道了。"

说完 Mike 就带着医生走了。

李莎坐在床边守了沈可可一夜,不断地给她换毛巾,擦身体,直到天快亮的时候,摸了摸她的额头温度有些降下去了,才迷迷糊糊地趴在床上睡着了。

这一夜沈可可嘴里一直不断地喊着:

"嘉南……"

早晨,沈可可睁开眼睛,看见李莎趴坐在旁边,自己的额头上盖着毛巾,她坐起身子,全身酸痛得呻吟了一声。

李莎被她吵醒了，睁开眼睛伸手摸了摸沈可可的额头，说："烧退了。"

"谢谢你。"沈可可感激地说。

李莎一脸冰冷，拿起床头电话给当地的中国餐馆打了一个电话，让他们安排把粥送过来。

粥送来后，沈可可吃完了粥又躺下睡着了。

李莎洗漱好以后去了餐厅吃早饭。

吃完早饭，李莎去了酒店的健身房做了一会儿瑜伽，然后又去做了全身SPA，回到房间已经临近中午，沈可可已经醒了，她在看着窗外发呆。

看到李莎开门进来，就问：

"你去哪里了？"

"健身。你什么时候醒的？"李莎问。

"刚醒不久。"沈可可回答。

沈可可凑近李莎，轻轻撞了一下李莎问：

"昨天那个身强力壮的年轻小伙是谁？"

"你是又想打一架吗？"李莎没好气地问。

"我就是好奇一下，是谁啊？"

"当地导游。"李莎回答。

"哦。"沈可可略带失望地哦了一声，她忽然想到了什么，又神色紧张地问李莎：

"你哪来的钱请导游？还是这种二十四小时的地陪？很贵的！我已经没钱了！"

"我打电话让朋友找的，她付过钱了。"

"哦。"

沈可可又想了想还是有很不解的地方，她问：

"你既然可以打电话给朋友解决没钱的问题，为什么这一路还要用我的钱？！"

"我不能用你的钱吗？"李莎平静地问。

"我的钱还要用来养宝宝，你知道现在生一个孩子有多贵？！养一个孩子有多贵吗？！"

沈可可气急败坏地指着自己的肚子说完，看李莎没有说话，她接着又生气地说："你都那么有钱了，为什么还要剥削我的钱，连我生孩子的钱都不放过？！"

李莎平静地回答："这不叫剥削。"

沈可可愤怒地问："这不叫剥削叫什么？！"

"世界上有这么多单身好男人，你为什么刚好抢了我的男人？你不认为这不应该叫剥削，应该叫还债吗？"李莎带点调侃讽刺地说。

沈可可被气得扭头准备走，走了几步又折回来，质问李莎说："所以丢钱你是故意的？那些抢匪也是你让人安排的？"

"钱是真的被抢了。"李莎平静地说。

沈可可脸色越来越难看，她也开始恢复平静，带着恨意地问："那个一路跟着我们到薰衣草地里的男人也是你安排的？"

"是的。"李莎依然平静地回答。

"你苦心经营了一切，最后一步就是打算让我和肚子里的孩子死在那个马特洪峰上？"沈可可带着颤抖的声音问。

李莎没有回答。

沈可可愤怒地再次质问道：

"是还是不是？！"

李莎平静地回答："答案只有你跟我去攀登了才会知道。"

沈可可气愤地扭头走了，拿着自己简易的行李和房卡去了另外一个房间。

47

李莎和沈可可两人吃晚饭的时间,已经过了酒店餐厅的饭点,餐厅里已经没有几个人,等到快吃完的时候就只剩下她们两人了。

空空荡荡的餐厅里,她们两人又一句话也不说,更显得安静,安静得只听得到李莎举着的刀叉切食物和盘子的摩擦声,还有沈可可一直在本子上写写画画的沙沙声。

沈可可已经吃好撤了餐盘,她前面放着一个装着牛奶布丁的小碟子,吃了大半,终于她在本子上完成了最后的数字计算,然后她松了一口气,拿起小勺把最后一口牛奶布丁送到了嘴里,咽下去以后,强作镇定地对李莎说:

"这一路的旅行费用我们应该各自承担,我刚才算了一下账,你应该还我28951元人民币,这是一路上开销的账目明细,你看一看。"

说着她把那个小本子递给李莎,李莎并没有接,只是很轻蔑地看了一眼,然后说:

"你倒是算得很清楚。"

"你拿过去仔细看一看。"沈可可说。

李莎放下刀叉,平静地接过小本子一页一页地翻着,一边翻一边说:

"既然你都把你的账算清楚了,那我是不是应该把我的账也和你算一算?"

"怎么算?"沈可可有点心慌地问。

"陈嘉南和我认识的时候,我们一无所有,用十年的心血经营了我们的事业和婚姻以及家庭,这十年我们创造的财富,我们经营的幸福,我们守护的家庭,都在你做了一个错误的选择以后,全部毁灭，你觉得你毁掉的这些值多少钱？你准备怎么赔偿？"李莎冷静地问。

沈可可沉默了。

她内心的愧疚感就像一个恶魔一样，再次把她吞噬了。

她无言以对，尽管错并不全在她，但是没有她就不会有这样的错，她不知道该如何去承担这个重得她承受不了的罪责，她也不知道应该如何赔偿李莎的人生。

李莎平静却又很真诚地接着说：

"命运对待我们两个是不公平的，你知道吗？如果可以选，我宁愿自己是你，可是我们都没得选。但是在马特洪峰面前，我们两人是平等的，我们在这样一次公平的机会面前，做一次公平的竞争，先到达峰顶的那个人赢，赢的人留下，输的人退出。"

李莎的声音在安静的餐厅里回荡，余音迅速地完全消失在了空气里。

"你认真的？"沈可可惊讶地问。

"愿赌服输。"李莎说。

李莎向沈可可伸出了手，沈可可犹豫了一下，伸出手握住了李莎的手，说：

"好，我答应你。一起攀登马特洪峰。"

两人的手紧紧地互握了一下，李莎说了一句：

"一言为定！"

说完李莎又开始吃着盘里的食物，像是非常若无其事地问了一句：

"嘉南是不是有一个秘密账户开在你的名下？"

沈可可拿起杯子准备喝水的动作僵了僵，但是她立刻恢复了平静，喝了一口水以后故意不看李莎，避开她的视线，也装作若无其事地回答了一句："我不知道。"

48

李莎和沈可可约定好了以后，两人在 Mike 的陪同下，在接下来的几天不断地做着攀登雪山的各种训练，两人都很认真，也很努力。

沈可可从网上查了很多关于孕妇攀登雪山的注意事项和安全措施，也和 Mike 认真地商量制订高山缺氧的应急方案。Mike 向沈可可建议了好几次不要去登马特洪峰，但是沈可可都坚持自己一定要去。她想为自己肚子里的孩子争取未来，她知道孩子会在肚子里和她一起努力，万不得已的时候她会先顾孩子，自己认输放弃嘉南。

Maxime 找来了意大利的那帮小混混一起谋划，他隔三岔五地请 Mike 喝酒，套来了李莎和沈可可的攀登路线，打算在她们攀登到雪山无人地段的时候动手。

出发的前一晚训练结束，整理好了每一个人的登山装备以后，Mike 拿了安全责任书，给李莎和沈可可两个人签字。

沈可可去了洗手间，Mike 拿着两份文件对李莎说："考虑到沈小姐的身体状况，我本来是不应该带她上山的，但是她自己意志坚决，所以我安排了另外两名专业的登山教练，跟着我们一起登山，他们像我一样都是专业的登山运动员退役，如果出现什么突发状况他们可以帮忙快速撤退。"

李莎回答："好的。"

Mike 继续说："另外有一队专业的登山运动员也在明天登山，跟我们是同一条线路，我们最好准时从酒店出发，尽量跟上他们的队伍，他们的队伍里有专业的医疗小组。"

说着沈可可从洗手间回来，Mike 递了一份文件给李莎，另外一份给沈可可。

李莎翻了翻自己的那份责任书,没有认真看就拿起笔在上面签上了自己的名字,签完以后站起来转身回了房间。

看了看走远的李莎,沈可可一个人坐在桌前,很认真地看了安全责任书上的每一个字,她感觉这像是自己和孩子的生死状,她犹豫了很久,然后手颤抖着在这份生死状上签了字,也站起来转身回房间去了。

刚走到一半李莎的手机响了,她看了看手机是父亲打来的,就没有走回房间,拿着手机走到酒店安静的花园角落里,接起电话。

"爸。"

李国宏的声音从电话里传来:

"莎莎,你什么时候回来?"

李莎不答反问地说:"爸,妈在你旁边吗?我想和她说说话。"

李莎的母亲陈秀芬接起了电话:

"莎莎。"

"妈。"李莎只叫了一声妈,就听到了电话里压抑的抽泣声,李莎的鼻子也开始泛酸,她赶紧转移了话题,"妈,陈宣和莹莹都还好吗?"

陈秀芬吸了吸鼻子,止住了自己的情绪说:"他们两个刚刚去上学了,两个孩子每天都在问你什么时候回家,莹莹还小,晚上经常藏起来偷偷地哭,这么小就知道不让我们难过,这性格像你一样要强。"

李莎说:"妈,你跟爸受累了,两个孩子和你们自己有用到钱的地方,就从我给你的银行卡里取,密码记住了吧?"

陈秀芬回答:"记住了,是两个孩子的生日。"

李莎接着说:"两个孩子我从小管得少,你和爸操的心比我还多,等陈宣明年小学毕业了,我想把两个孩子都送到英国的寄宿学校读书,我都安排好了,这样你跟爸也可以少辛苦一点,放假了接回来还跟你们两人一起住。"

电话里的陈秀芬又开始抹眼泪,用带着颤抖的声音说:"两个孩子还那么小,去一个人生地不熟的地方怎么生活?"

李莎安抚着母亲说:"妈,那里的教育是全世界最好的,这是为了他们两人的未来好,你以后要是想他们了可以去英国看他们,你跟爸爸还可以经常去英国度假散心。"

陈秀芬无奈地说着:"好,都听你的。"

李莎深呼吸了一口气接着说:"妈,我给爸、你、陈宣和莹莹,还有我自己每个人都买了保险。受益人写的都是你的名字,过几天我助理小琳会拿着文件到家里让你签字,你签上自己的名字就行了。"

陈秀芬回答:"好的。"

李莎又叫了一句:"妈。"

但是却没有说话。

这沉默让陈秀芬觉得非常心慌,她压抑着自己的情绪说:"莎莎,妈知道你心里难受,出去散散心就回来,回来和嘉南好好谈谈,能过下去我们就过,过不下去我们就散,没什么大不了的,天塌不下来,就算塌下来还有爸妈顶着。"

李莎压抑着自己的情绪,她强忍着不哭出声音来,眼泪却像断了线似的往外涌。

她深呼吸了几口气以后对母亲说:"妈,我要挂电话了。"

陈秀芬在电话里不断地叮嘱:

"国外乱,你注意安全,早点回来。"

李莎用对自己的情绪最后的克制说出了这句话:

"妈,谢谢你。"

说完这句话，李莎就挂断了电话。

挂完电话的李莎情绪终于失控，她咬住自己的手大哭，但是却尽量忍着不哭出声音。

沈可可洗漱完了出来，躺在床上，拿出手机，打开嘉南的微信，自从上次嘉南回复了那句"别多想，早点睡，晚安"之后，嘉南发给她的其他微信她都没有回复，明天就要去不知道会是什么结果的冒险，她想给他写一封信，这封信也许会是她的遗言，或者是她那个未出生的孩子的遗言。

她开始打字：

嘉南：

可能在你的世界里，我并不是最重要的，但是在我的世界里，你是最重要的，所以为了你，我可以不顾一切，但是你却做不到，这让我觉得很心痛，也很失望，我以为你对我是百分百的爱，没想到是被现实和物质打了折扣的，也许还掺杂着欲望……

无论以后我们是聚是散，无论我们的孩子是不是有机会叫你一声爸爸，我都没有后悔我们的相识、我们的过往，谢谢你在我失落的时候给我的依靠，更谢谢你在我欢喜的时候分享我的快乐，感谢你出现在我的生命里，在我的这一段人生里陪着我。

希望我也是你美好的回忆。

沈可可流着眼泪把这段话发了出去。

她又用模糊的视线把自己发出去的这段话读了一遍，这段话竟然让她悲哀地想到，如果自己真的遇了险，永远地留在了马特洪峰上，那么或许自己就真的成了嘉南心里的永恒，嘉南也永远不会有机会背叛她。

也许爱情的永恒就是失去，失去以后用遗忘的方式守护。

49

一大清早，沈可可的语音电话就响了。

还在睡梦里的沈可可，迷迷糊糊地拿起手机来看了看，是嘉南打来的语音电话，她想了想还是把电话挂断了。

沈可可洗漱好，就和李莎两人去吃早饭。

吃着早饭，沈可可的手机再次响了。

李莎瞄了一眼沈可可的手机屏幕，吃了一口面包，然后说："有时候我感觉自己才是第三者。"

沈可可拿起电话尴尬地挂掉了。

李莎问："为什么不接？怕我听到？"

"不是。"沈可可回答。

这时候手机的微信提示又响了，是嘉南发了一句："接电话。"

李莎和沈可可都瞄到了手机屏幕上的这句话，这个时候沈可可特别想拿起手机关成静音，或者把微信提示给关掉，但是她知道如果自己这个时候这么做了，会更让李莎觉得自己对她的防备。

李莎看了一眼自己一直黑着屏的手机，拿起面包又咬了一口。

但是就在这时候沈可可的微信提示又响了："我很想你。"

李莎和沈可可又同时都瞄到了这句话。

李莎带着讽刺，饶有兴趣地把脸凑近电话，等着下一句微信提示，果然几秒钟以后，微信提示又来了，这次内容是："亲爱的，快点接电话。"还打上了三个爱心。

李莎心里想着"我很想你"这句话陈嘉南有多久没有对她说过了。

上一次叫"亲爱的"又是什么时候？

李莎看着微信上的那几个字像是针一样扎在自己的心上。

手机暂时沉默了，沈可可感觉到空气里的气压越来越低，可就在这样的时刻，她的微信提示又响了："我爱你。"

李莎看到这句话，感觉自己的心脏又再次受到了重击，心口感到一种被灼烧的痛，她抬头直直地看着沈可可，沈可可脸上热辣辣的，感到有种无地自容的尴尬。

李莎放下刀叉，拿起自己的手机站起来转身走了。

沈可可快速拿起手机关了机，然后起身跟上李莎。

回到了房间，两人各自做着登山的准备。

Mike 在酒店大厅等了半小时以后再次给李莎打了电话，催促她快点出发，再晚的话回程的时候天黑了会非常危险。

李莎挂了电话对着浴室的镜子给自己化了妆，然后盘起了头发，最后慢慢地涂上口红，看着镜子里化好妆的自己，好像是完成了某种重要的仪式，也像是要去参加某个隆重的宴会。

李莎和沈可可两人从房间下来。

走出酒店，站在酒店的门口，李莎深深地呼吸了一下，感到了一阵强烈的寒意，她裹紧了自己的外套，抬头看了看有些阴沉的天空，也许是因为太阳还没升上来的缘故，总让人觉得有些压抑。

Mike 已经在电瓶车前等着她们了，她们上了车，车子朝采尔马特登山电车的车站开去。

Mike 买好了电车票，三人坐上了上山的齿轨电车。

Mike 介绍说："这条被称为是全世界窗外景色最美的铁路。"

电车缓缓开动，李莎看向窗外，感觉到眼前的马特洪峰在不停地向自己逼近，此刻的马特洪峰像是一个雄伟壮观的巨人。

电车开了一会儿窗外没有了树木，进入开满了鲜花的高原，淡紫色、深红色、浅黄色在绿色的画毯上相互交织，时而斑斓，时而淡然，时不时还有几只黑脸的山羊在花丛里跳跃。

又过了一站，外面就进入了冰雪的世界，一望无垠的冰川上覆盖着白雪，放眼望去，满眼都是白色，圣洁的白色在阳光下泛着晶莹剔透的光。

冰雪透过车窗，让李莎和沈可可都感觉到了寒意，Mike从背包里拿出事先准备好的羽绒服递给她们，她们刚穿上，电车就到终点站费尔伯格了，三人下了车。

眼前的马特洪峰就像是穿着一袭白色冰雪长裙的女王，那么神圣威严，让人不可侵犯。

李莎呼出了一口白色的热气，寒冷的风直直地吹向她裸露在外面的脸和手，游客并不多，冰天雪地的世界很安静。

一个巨大的十字架竖立在不远处，李莎朝着十字架走过去，沈可可跟了过去。

李莎看着十字架上为攀登马特洪峰而殉难的那一个个名字，心里有一种难以形容的敬意，这种敬意里还带着畏惧，她不知道自己是对他们英勇的敬意，还是对生命脆弱的畏惧，只觉得这个十字架竖立在这里恰到好处。

沈可可看着近在眼前的马特洪峰上，远远地可以看到有一排登山者沿着山脊，在缓缓上行，这一排人当中，不知道有几个可以攀上顶峰，也不知道有几个可以安全归来。

然后三人坐着小火车到了赫恩利小屋，这是攀登马特洪峰的出发基地，另外两个专业的登山教练已经在这里等着他们了。

李莎和沈可可在一个训练室里开始穿戴登山装备，沈可可特意在自己的肚子上围了一条柔软的毯子，一是防冻，二是以防万一滑倒的时候防震。

Mike 和两个登山教练交流了以后,过来对李莎和沈可可说:"在我们前面的那个专业登山队一个小时之前已经出发,我们肯定是跟不上了,但是他们留下了一台无线电对讲机给我们,让我们有困难的时候可以随时向他们求救。"

李莎看了看 Mike 手里的对讲机,说了一句:"好的。"

李莎他们一行五人开始出发。

缓慢地走在雪地里,他们走了大概十五分钟,天空开始飘起了雪,雪落下没有任何声音,悄无声息地落在每个人的身上。

周围很安静,只有耳边呼呼的风声。

Mike 拿着手中的风向测试仪认真地看着,说:"早上遇到了冷气流,风向变了,看来今天的天气并没有想象中的好。"

李莎和沈可可两人都一句话不说地往前缓慢走着。

越往上走,越感觉路难走,空气也越稀薄。

感觉到呼吸有些不顺畅,沈可可就戴上了氧气面罩,她知道在高山上要让肚子里的宝宝安全,最重要的就是保证氧气的充足。

他们又走了一个小时左右,毫无预兆地,忽然听到了来自马特洪峰上的一声巨响。

这声巨响像是要把整个世界炸裂似的在整个山谷里回荡。

感觉到整个大地晃了晃,五个人都愣住了。

远远地可以看到山顶的大雪倾泻而下,像是一面白色的瀑布落下了九川,旁边山体岩石缝里的几处比较薄的积雪也受到了震动,不断地往下滑落。

Maxime 和他的同伙早早地出发,藏在了雪山上,听到雪崩的声音他们吓了一跳,慌张地四处张望,看到还有雪不断地在山体上

往下滑落。

Maxime 和几个意大利人开始商量要怎么办，他们这个时候不能往上走，遇到雪崩必死无疑，更是不能往下走，遇到李莎他们，计划就全部落空。

Maxime 不断地咒骂着天气。

Mike 赶紧拿出那部对讲机，调到了专业登山队的那个频道，开始呼叫他们，可是对讲机里一直没有回答，只有让人心惊胆战的寂静。

Mike 对其他几人说："他们肯定是遇到危险了，刚才的巨响听起来像是雪崩。"

"我们先不要往上走了，等联系到他们，搞清楚前面的情况了，我们再决定是前进还是撤退。"另外一个教练果断地说。

忽然的巨响让李莎有点蒙，完全没有经历过这种危险，她在当下也不知道该怎么办，她分明可以感觉到一种难以形容的威胁和恐惧，她犹豫着是不是还要坚持向前，向着她原先设定好的终点继续前进，她解开了自己和其他几个人绑在一起的缆绳，往前迈了几步，独自站在那里看着前方的路，那条延伸向前的，白茫茫望不到尽头的路。

她想要继续向前，刚迈出了脚步，沈可可叫住了她，说：
"李莎，不要再往前走了。"
她回头看了看站在身后的沈可可，说：
"不是说好比谁先到顶的吗？"
沈可可说："要真的是雪崩了，前面就没有路了。"
李莎又转回身看着前面的路说：
"我早就没有路了。"

Mike 一直在用对讲机呼叫前面的登山队，对讲机里忽然有了回应，响起了一个非常微弱的声音，李莎和其他几个人纷纷围到了对讲机前面，那个微弱的声音说："我们遇到了雪崩，需要求救。"

Mike 立即回应："你们在什么位置？"

可是对讲机里又再次恢复了寂静。

Mike 立即对其他两个专业教练说："他们一定是遇险了。"

然后他对一个教练说："我现在就通知救援队，你先带着李莎和沈可可两位女士回赫恩利小屋，我和他两人往上走去找他们，确定位置。"

说完 Mike 带着另外一个教练继续出发向上，而李莎和沈可可被带着往下走，回赫恩利基地。

他们下山的途中遇到了上山的救援小组，小组说已经确定了遇险登山队的位置，让他们尽快回赫恩利基地，然后就快速绕过他们，步调匆忙地继续往上走了。

李莎和沈可可回到了基地，基地门口停了几架直升机，警察和救护小组在焦急地等待着，各种无线电的声音在四周交杂。

李莎和沈可可她们只是坐着，谁都没有说话。

李莎看着窗外，有些迷茫，她脑子里此刻和窗外的那片雪地一样空白。

过了三小时左右，外面一阵喧哗，李莎和沈可可站起来走出去，原来是救援小组回来了，他们抬着担架走进了基地里。

他们把担架摆放在了基地前的空地上，然后救援小组和在场的警察交接着工作。

Mike 疲惫地走过来，对李莎和沈可可说："五人全部遇险身亡。我们很幸运，晚出发了一小时，和死神擦肩而过。"

沈可可听到这句话感到腿软，她觉得自己快站不稳了，扶住了旁边的柱子。

　　李莎看向那地上的一个个担架,一具具僵硬的尸体在那里静默着。

　　她此刻才真实地感觉到死神真的是与自己擦肩而过了,因为自己拖延的那一个小时,死神原本是在那里等她的,她原本是打算走向死神怀抱的,可是命运却再一次出现了拐角,把她带到了另一个方向上。

　　尽管还是有些茫然,但是此刻李莎真真切切地感觉到自己还活着,那么真实地活着,呼吸着,站立着,就在这一瞬间她仿佛体会到了生命的意义、活着的意义。

　　尽管她仍然痛恨命运一次又一次捉弄自己,却无力反抗,可是她又庆幸命运一次又一次地给自己机会,此刻她真正意义上懂得了命运给予自己最大的机会是生存,是活着。

　　沈可可走到李莎身边,再次抱住了李莎,在她耳边说:

　　"我们回去吧。"

　　李莎沉默了一会儿,然后回答:"嗯。"

　　因为受到了雪崩的影响,采尔马特地区的火车停运,李莎和沈可可是被救援小组的直升机送下来,回到酒店的。

　　回到酒店以后沈可可又开始发烧,一直在房间里昏睡。

　　李莎也一直待在酒店里,不愿意出门。

　　就这样在酒店待了一天。

　　Maxime 和他的同伙在雪山上躲了一天,等李莎她们下山了,他们才被救援小组送下来。Maxime 气急败坏,他知道接下来是他最后的机会了,如果李莎她们回了上海,那他的算盘就全部落空了,他不能眼看着就要到手的钱飞掉,他要豁出一切抓住这最后的机会。

一滴凝聚在车子底盘上的鲜血忽然坠落,落在了雪地上。

第九章

50

第二天清晨,李莎起床以后拉开了房间的窗帘。

一束阳光照到了她的脸上,天气放晴了。

她走到阳台上,给自己在上海的助理打了电话让她订好从日内瓦回上海的两张机票,然后她又给 Mike 打电话让他安排退房。

她想到了还欠着 Hebbe 钱,又给 Hebbe 打了个电话,但是 Hebbe 手机关机了,李莎有点疑虑,但是没多想。

Mike 送她们到火车站,李莎和沈可可两人坐小火车到了塔什,然后开上车去日内瓦机场。

李莎开车,沈可可有气无力地靠在副驾驶座上,两人都没有说话。

忽然电话铃声打破了车内的安静,沈可可的手机又响了。

沈可可看了一眼李莎,又看着手机屏幕上闪动着的嘉南头像。

李莎看似平静地说:"接吧。"

沈可可犹豫了一下接起了语音:

"喂。"

"你终于接电话了,你知道我有多担心你吗?!"电话里嘉南的声音显得有些气急败坏。

沈可可没有回答,她不知道该说什么,或者说她不知道自己回去以后还应不应该再回到嘉南身边。

"等你回来我们好好谈谈,你再给我点时间,等公司顺利上市以后,我一定会争取到属于我,不,是属于我们的那一份财产,这是我应得的。"嘉南继续说。

沈可可看了一眼李莎,李莎虽然沉默着,但是她的沉默里可以隐隐感觉到有一股悲愤的情绪在上涨，沈可可现在可以感觉出李莎的情绪来了，她知道李莎越是沉默，内心一定越是痛苦，这是一路旅行她们相处之后她体会到的，李莎越不喊疼，内心的疼痛会越加倍。

一个红绿灯路口，绿灯变成了红灯，李莎缓缓地把车停下了。

嘉南继续在电话里说："我是真心爱你的……"

李莎一把抢过了沈可可手里的电话，深呼吸以后，对着手机里克制好自己的情绪，平静地说："陈嘉南，很多年前你也对我说过同一句话，我不管你之前还对多少女人说过，将来还会对多少女人说，在我这里，这次你必须净身出户。"

说完李莎把手机扔还给了沈可可。

就在这时，后面忽然有辆车子撞了上来，李莎她们的车子被撞得往前滑了一段，李莎下意识地踩下了急刹车。

沈可可"啊"的一声，手机飞出去，不小心掉到了座位下。

几个高大的男人蒙着脸，迅速围上来，手里拿着钢管，用力地砸碎了车窗玻璃，李莎和沈可可只能抱住头躲开玻璃碎片。

抱着头还在震惊中没反应过来的沈可可问李莎：

"这不会也是你安排的吧？"

"这是真的。"

还没等李莎说完这句话，两个蒙着脸的男人打开了车门，把沈可可和李莎拖出了车外，快速反绑了她们的双手，嘴巴贴上胶带封条，戴上头套，然后拽到了这辆车的后座上，左右又各上了一个男人，把李莎和沈可可挤在后排中间。

另外又有两个男人分别迅速上了驾驶座和副驾驶座，他们以风驰电掣的速度，驶离了车祸现场。

嘉南的声音还在手机里不断地响着，坐在副驾驶座上的那个男人捡起掉在座位下面的手机，听了听手机里陈嘉南焦急的声音以后，他对着手机用英语说：

"听着，你的女人在我手里，给你一天时间准备好一百万欧元，不要报警，否则就准备好棺材迎接你的美人吧！"

说完这个男人挂了电话，把沈可可的手机关机，取出了手机芯片扔出了车窗外。

嘉南震惊地看着自己的手机，这一瞬间他完全无法思考，脑子一片空白。

不能报警，这是他回过神的第一个念头，在上市前他的公司不能传出任何负面新闻。

他一直以为沈可可和李莎已经不在一起了，Hebbe明明告诉他李莎和沈可可走散了，所以他联系了很多次Mike，向Mike了解李莎的行程，却没有问李莎是不是自己一个人。

嘉南拿起手机再打沈可可的电话，已经打不通了。

他又准备打李莎电话，但是已经找回理智的他思考了一下，又把手机放下了。

他现在就算再次联系上绑匪，也没任何意义，绑匪无非就是为了钱，目前首要做的应该是准备好一百万欧元。

51

李莎和沈可可被拽到了一个阴暗的房间里,她们不知道自己身在何处,也不知道过了多久,在惊恐中只觉得时间过得特别漫长,随着时间流逝,李莎逐渐镇静下来,而靠在李莎旁边的沈可可一直瑟瑟发抖。

忽然李莎的右边口袋振动了一下,她想起还有一个手机在自己裤子的右侧口袋里,她感到有点奇怪,从刚才听到的声音判断,歹徒明明是扔了沈可可的手机,为什么不检查她的手机,难道歹徒认为她没有手机?

她小心翼翼地用自己反绑着的手,去够自己的裤兜,靠在她身边的沈可可感觉到了她的动作,她赶忙用自己的腿蹭了蹭沈可可,并尽量小声发出嘘的声音,让沈可可不要出声,然后她慢慢地挪动自己的身子,把自己的口袋挪到了沈可可的手旁边,凑向沈可可的手,让沈可可去拿那个手机。

沈可可刚拿到手机,就有人来了。

李莎赶忙挣扎着发出声音吸引那人的注意力。

沈可可被绑着的双手拿着手机,因为看不到屏幕,只能凭借感觉快速接起刚才打来的那个电话,是 Hebbe 打来的。

进来的那人以为李莎是想说什么,就拽掉了李莎的头套,撕掉了李莎嘴上粘着的胶带。

手机那边 Hebbe 听到了李莎挣扎的响动,她吓得不敢发出任何声音。

忽然而来的光亮让李莎睁不开眼睛,适应了光亮以后,她看到眼前站着一个男人,用布蒙着脸。

李莎用英语问那个男人："你们想要多少钱？"

那个男人回答："100万欧元。"

李莎哈哈大笑，笑完以后说："太少了。"

那个男人带点怒气问："你说什么？"

李莎回答："我说你们要得太少了！把你们老大叫过来！我可以让他拿到更多钱！"

那个男人重新给李莎戴上头套，Maxime走进来，他拖过椅子坐在李莎前面，贪婪让他丧失了理智，他兴奋得全身发抖，他问李莎："你刚才说什么？"

手机那边的Hebbe听到Maxime的声音以后，惊恐地捂住了自己的嘴巴。

听到这个声音的一瞬间，李莎就意识到这个人可能是Maxime，他不知道沈可可给李莎买了个临时手机，所以他连搜都没有搜李莎的口袋。

虽然李莎基本确定了，但是李莎没有点破，她知道自己不能说破。

李莎咳嗽了几声说："我要喝水。"

Maxime让一个男人拿了一瓶水过来，掀开头罩的一角灌了李莎几口，李莎用眼角的余光确认了那个所谓的老大就是Maxime。

她清了清嗓子，然后说："我可以让你得到更多钱，只要你按照我说的做。"

Maxime说："继续说。"

"联系陈嘉南，跟他说一千万欧元赎一个人。"李莎镇定地说。

听到这句话，还被封着嘴巴的沈可可震惊得开始哼哼唧唧。

Maxime听完以后，兴奋得带着另外那个男人出去了。

等完全听不到他们的动静以后，李莎小声地问沈可可说："陈嘉南现在手里能动的钱最多只有一千万欧元，你觉得他会救谁？"

沈可可的嘴还被胶带粘住，只是哼唧了几声。

李莎幽幽地回答："他谁也不会救。"

沈可可安静了下来，握紧了手里的手机。

李莎小声对沈可可说："把手机挂了吧，保存电量。"

Maxime出去用一个新买的临时手机给嘉南打了电话。

"一千万欧元一个人，想要两个就准备两千万欧元！"Maxime阴狠地对着电话里说。

"你上次说的是一百万欧元！"陈嘉南愤怒地说。

"三天以后你会收到交易地点，准备好钱，一个人来，一手交钱一手交人。"Maxime说完就挂掉了。

52

Hebbe 在瑞士采尔马特的警局门口已经徘徊了将近两个小时。

她在尽最大努力让自己鼓起勇气。

听到了李莎和 Maxime 对话，Hebbe 知道李莎既是在自救，也是在帮她。

假如 Maxime 拿到了陈嘉南的钱，李莎她们可能会平安无事，但接下来自己就会再次回到深渊里，她将成为 Maxime 死缠烂打的下一个目标，再加上 Maxime 拿到了钱以后会变得更疯狂，等钱败光以后还是会把她送到妓院，她就再也没有逃出去的机会了。

她知道李莎是让她去报警，这是她唯一的机会。

这样想着，她走进了警局。

陈嘉南的车停在一个湖边，黑暗的四周没有一点灯光。

他一个人站在湖边抽着烟沉思着，风很大，吹得他衣服簌簌作响。

他知道绑匪忽然改口要两千万欧元，这绝非偶然。

公司还没有上市，他的资产能动的现金目前只有一千万欧元左右，这是他早就挪出来放在瑞士银行的，这个世界上除了沈可可没人知道，而沈可可是绝不可能主动告诉绑匪的，这个他很确定。

那么就是李莎大概知道了这笔钱的存在，而现在她在逼自己做出选择。

他痛恨这种感觉，这种被迫去做一种选择的感觉，李莎却总是在这样逼迫他。

53

三天以后的中午，没有阳光，天色阴沉。

Maxime 和同伴蒙上面罩，把李莎和沈可可带到了一片人迹罕至的高山雪地里。

其中两个男人把李莎和沈可可拽下车，拿下她们的头罩，撕开她们嘴上的胶带。

忽然来的光亮让李莎和沈可可都睁不开眼睛，等适应了光亮以后，她们看向远方，大概一百米以外的前方雪地里停着一辆黑色越野车，车旁边站着一个人。

看到那个身影，沈可可瞬间流出了眼泪，喃喃地说："嘉南。"

李莎没有说话，只是看着远方，看着站在车旁边的陈嘉南。

两个男人分别用枪顶着李莎和沈可可，走到了前方的空地上。

蒙着面罩的 Maxime 给对面的陈嘉南打了电话，问："钱准备好了吗？"

陈嘉南说："你要的钱数量太大，不可能准备现金，只能转账给你。"

Maxime 说："你别耍什么花样，一千万欧元一个人，我把账号发给你，现在就转过来。"

Maxime 给一个手下使眼色，让他把一个事先准备好的账号发到陈嘉南的手机上。

陈嘉南深呼吸了一口气说："我最多只能给你一千万欧元，你把两个人都送过来！"

Maxime 瞬间失去了理智，他愤怒地对着电话喊叫："两千万欧元！一分都不能少！现在就转！"

嘉南压抑着自己愤怒地冲着电话里说:"我只有一千万!"

Maxime 哈哈大笑,笑完以后阴狠地夺过一个男人手里的枪,举起往空中放了一枪,然后用枪指着李莎和沈可可,愤怒地喊着说:"那就选一个!"

嘉南沉默了。

他远远地看着李莎和沈可可,她们两人都看着他,他转过身去,痛苦地用拳头砸着车子。

Maxime 继续对着电话喊:"我倒数十个数,把钱转过来,然后带走一个,留下一个。"

李莎和沈可可对视了一眼,然后神情复杂地看着远处的陈嘉南。

她们的脑子里现在一片空白,不知道该期待什么,或者是恐惧什么,原来真正站在死神面前是无法思考的。

Maxime 开始倒数。

"10。"

"9。"

"8。"

"7。"

"6。"

"5。"

"4。"

"3。"

这时沈可可用尽了全身力气喊了一声:"嘉南!"

嘉南还是没有转过身,这喊出的每个数字都像重拳砸在他的身上,他流着眼泪无力地靠在车上,他的手放在手机的转账按键上,迟迟没有按下去。

"2。"

"1。"

Maxime 喊完这个数字以后，空中响起了两声枪声。

枪声在山谷中回荡。

安静下来以后，嘉南痛哭着转过身。

看到的却是 Maxime 和另一个男人倒在血泊里，李莎和沈可可一动不动地呆站在原地，眼泪同时从她们两人的眼睛里流出。

一群警察和几辆警车从几座山后围拢包抄过来。

剩下的几个歹徒开始逃窜，警察全力追击了过去。

白色的雪地上只剩下李莎和沈可可，还有远远站着的嘉南。

Hebbe 小跑过来给李莎和沈可可松了反绑着的双手。

李莎迅速拽起呆愣在一旁的沈可可，上了停在旁边的那辆小蓝车，她发动车，直直地向嘉南的方向开过去。

在快到嘉南身边的时候，从他一侧绕了过去，嘉南倒在了地上。

李莎开着车继续往前冲。

嘉南反应过来，快速上了越野车，发动车跟了上去。

54
【结局】

前面是一片白雪茫茫。

李莎开着车在白雪中飞奔向前,可是再往前开就没有路了,那是一片悬崖。

李莎的表情异常平静,可是随着车速的加快,眼泪却积满了她的眼眶。

沈可可忽然意识到了李莎要干什么,她回想起这一路上李莎所有的举动。

李莎处理掉了所有她和陈嘉南有关的物品。

她重新走了和陈嘉南走过的路。

她安排好了她儿子和女儿的未来。

她带着自己出来旅行,原来这趟旅行的终点是死亡。

"说,陈嘉南是不是有一个秘密账户开在你的名下?"

李莎手握着方向盘平静地问。

死亡这两个字再次带给沈可可极度的惊恐,她摸着自己的肚子,身体不听使唤地抖动,她犹豫着是不是要回答李莎这个问题,她想回答,可是她对嘉南发过誓,答应了嘉南誓死保密的。

李莎的眼泪已经模糊了视线,看着前方一片白茫茫的雪山,已经像是一片带着光的虚无,她在这片虚无里看见了她和陈嘉南的过去。

她看见了他们最美好的那一个又一个的瞬间。

她看到了他们共同迎接儿子和女儿来到这个人世间的那一瞬间。

她看到了他们事业迎来巅峰相互拥抱的那一瞬间。

她看到了婚礼现场嘉南发誓一生相守的那一瞬间。

她看到了嘉南手捧玫瑰跪下来求婚的那一瞬间。

她看到了他们初次相识的那个瞬间。

这十几年的时光仿佛倒放一般闪过她的脑海。

沈可可极度惊恐地发着抖对李莎说着:"不,不要,不要这样……"

李莎却踩下油门,车速更快了,流着眼泪喊着说:

"回答我!陈嘉南是不是有一个秘密账户挂在你名下?!"

沈可可开始哭泣着不停地重复:

"不要,别这样,李莎……"

但是她看到李莎那决绝的表情,更加惊恐,她想要去阻止李莎,可是身体已经惊恐得不听使唤了,好像身体不是她自己的,她开始哭喊着说:"停车,快停车!"

李莎一把推开了她,车身不稳左右晃了一下,李莎用力扳正方向盘,继续踩下油门向前冲。

沈可可惊恐地看了看不远处的断崖,她哭喊着说:"对不起,真的对不起,我错了!"

听到这句话李莎眼泪越流越多,但还是完全没有停下车的意思,她任凭眼泪肆虐,依然还是喊着对沈可可说:"回答我!陈嘉南是不是有一个秘密账户挂在你的名下?!"

沈可可惊恐地大哭,已经说不出话来了,她哭喊着"停车",李莎却更是用力地踩下油门。

从车子的前窗看去,悬崖就在眼前了,哭喊着的沈可可大叫着惊恐地闭上了眼睛,她知道如果继续沉默,等待她的将会是粉身碎骨。

沈可可一声尖叫以后大喊:

"是!"

在离悬崖还有几步之遥的地方，李莎踩下了刹车，长长的刹车声滑过天际，回响在这片雪白的山谷里，渐渐地被这片雪白的山谷吞噬，周围安静下来，静得一点声音也没有，只有李莎和沈可可的呼吸声。

李莎问："多少？"

沈可可回答："一千多万欧元。"

天空开始下雪，雪一片一片悄无声息地落下来。

嘉南的车越来越近。

李莎打开车门走下车，她擦干了眼泪，靠在车门上点了一根烟，她一边抽烟一边拿出手机回放着刚才那段录音。

李莎平静地把烟抽完了，掐灭，然后把烟和打火机都扔下了山谷。

她从车的后座上拿出自己的羽绒外套穿上，然后又拿出旅行包，拿旅行包的时候她低头看了看自己手上的婚戒，用力一把拽下来打算也扔下山谷，可是她的手停在了半空中，想了想又把婚戒放进了自己的兜里。

她关上车门，洒脱地背上包，头也不回地走进一片白茫茫的雪地里。

从高空俯瞰这片白茫茫的雪地，只看到一辆车的车顶和一个越走越远的身影。

渐渐的身影消失了，白茫茫的雪地里只剩下一辆车和一排脚印。

雪不断地落下，那排脚印也消失了。

白雪又渐渐地覆盖了车顶。

这片白茫茫里什么也没有剩下，只有白茫茫，雪还是没有停下。一阵风吹过，吹起一阵细雪。

细雪飘然摇曳着飞到了车身下面。

一滴凝聚在车子底盘上的鲜血,忽然坠落,落在了雪地上。

然后一滴接着一滴,像殷红色的花一朵一朵散开来。

在白色的雪地上,扩散,蔓延。

THE END
【完】

图书在版编目（ＣＩＰ）数据

风改变了方向/吴琴著.—上海：文汇出版社，
2021.6
ISBN 978－7－5496－3497－2

Ⅰ.①风… Ⅱ.①吴… Ⅲ.①长篇小说－中国－当代
Ⅳ.①I247.5

中国版本图书馆 CIP 数据核字 (2021) 第 058159 号

风改变了方向

作　　者 / 吴　琴
责任编辑 / 熊　勇
特约编辑 / 薛亮亮
装帧设计 / Elloworld
插　　画 / 哈哈小子

出版发行 / 文汇出版社
　　　　　　上海市威海路 755 号　邮政编码：200041
经　　销 / 全国新华书店
印刷装订 / 上海颛辉印刷厂有限公司
版　　次 / 2021 年 6 月第 1 版
印　　次 / 2021 年 6 月第 1 次印刷
开　　本 / 890×1240　1/32
字　　数 / 220 千
印　　张 / 9.25

ISBN 978－7－5496－3497－2
定　　价 / 45.00 元